JULIANA SERAFIM

INTELIGÊNCIA ARTIFICIAL

Copyright© 2024 by Literare Books International
Todos os direitos desta edição são reservados à Literare Books International.

Presidente do conselho:
Mauricio Sita

Presidente:
Alessandra Ksenhuck

Vice-presidentes:
Claudia Pires e Julyana Rosa

Diretora de projetos:
Gleide Santos

Capa:
Juliana Serafim

Projeto gráfico e diagramação:
Gabriel Uchima

Revisão:
Ivani Rezende

Impressão:
Gráfica Paym

Dados Internacionais de Catalogação na Publicação (CIP)
(eDOC BRASIL, Belo Horizonte/MG)

S481i Serafim, Juliana.
Inteligência artificial / Juliana Serafim. – São Paulo, SP: Literare Books International, 2024.
216 p. : il. ; 14 x 21 cm

Inclui bibliografia
ISBN 978-65-5922-765-5

1. Inteligência artificial. 2. Tecnologia. 3. Inovação. 4. Sucesso nos negócios. I. Título.
CDD 658.4

Elaborado por Maurício Amormino Júnior – CRB6/2422

Literare Books International.
Alameda dos Guatás, 102 – Saúde – São Paulo, SP.
CEP 04053-040
Fone: +55 (0**11) 2659-0968
site: www.literarebooks.com.br
e-mail: literare@literarebooks.com.br

SUMÁRIO

INTRODUÇÃO 5
AGRADECIMENTOS 9

CAPÍTULO 1 Como chegamos até aqui? **11**
CAPÍTULO 2 A melhor forma de prever o futuro é inventá-lo **35**
CAPÍTULO 3 Introdução à Inteligência Artificial **51**
CAPÍTULO 4 A aplicação da IA nos negócios **63**
CAPÍTULO 5 Marketing Digital **97**
CAPÍTULO 6 Internet das Coisas **121**
CAPÍTULO 7 Robótica: qual a relação com a IA, conceito, aplicações e benefícios **139**
CAPÍTULO 8 Web 3, *Blockchain*, Criptomoedas, NFT e *Metaverso* **173**
CAPÍTULO 9 Experiências personalizadas **193**
CAPÍTULO 10 O caminho à frente **201**

CONCLUSÃO 209
BÔNUS 211
REFERÊNCIAS 215

INTRODUÇÃO

BEM-VINDO AO MUNDO FASCINANTE E EM CONSTANTE EVOLUÇÃO DA INTELIGÊNCIA ARTIFICIAL APLICADA AOS NEGÓCIOS.

Na era da inovação tecnológica, onde cada dia traz consigo novas possibilidades e desafios, sou entusiasta da tecnologia. Desde o início da minha jornada, busquei incessantemente soluções que não apenas aprimorassem meus próprios negócios, mas que também beneficiassem nossos clientes, capacitando-os a prosperar em um mundo em constante transformação. Nesse contexto, a Inteligência Artificial (IA) emergiu como um farol de potencial ilimitado, capaz de remodelar completamente a maneira como entendemos e conduzimos os negócios.

Ao longo do tempo, tenho testemunhado a evolução de conceitos abstratos para tecnologias concretas. Das primeiras discussões sobre aprendizado de máquina até os avanços de redes neurais e processamento de linguagem natural, cada etapa tem sido empolgante. A busca incessante por maneiras mais eficientes e eficazes de operar tem sido a força motriz por trás da minha paixão por integrar a tecnologia ao mundo dos negócios.

Hoje, vivemos em uma era que ficou conhecida como "Negócios 4.0". Essa era é caracterizada pela convergência da transformação digital com as operações empresariais, gerando novos modelos de negócios, fluxos de trabalho otimizados e experiências do cliente completamente reinventadas. Nesse cenário, a Inteligência Artificial emerge como uma força inovadora que transcende a automação e se estende para a predição, a personalização e a análise profunda.

Minha jornada me ensinou que não se trata apenas de adotar a última tecnologia por uma questão de estar na moda, mas sim de compreender como cada avanço pode agregar valor real aos negócios e melhorar a vida dos clientes. A Inteligência Artificial, quando aplicada estrategicamente, tem o poder de oferecer *insights* a partir de dados aparentemente desconexos. Ela pode agilizar processos que antes eram morosos e pode proporcionar uma visão clara do futuro, permitindo uma adaptação proativa às mudanças do mercado.

Meus próprios negócios e os desafios que enfrentei me inspirou a mergulhar mais fundo no mundo da Inteligência Artificial. Mas, além disso, fui motivada pela jornada de nossos clientes, suas necessidades e aspirações. A oportunidade de transformar essas aspirações em realidade através da aplicação estratégica da Inteligência Artificial é o que me impulsiona todos os dias.

Neste livro, *Inteligência Artificial – Negócios 4.0*, buscarei compartilhar essa paixão e conhecimento com você. Juntos, exploraremos os conceitos fundamentais da Inteligência Artificial, desde suas bases até sua aplicação prática nos negócios. Iremos mergulhar em casos de uso inspiradores, que abrangem desde a análise de dados até a personalização do atendimento ao cliente.

Convido você a se juntar a mim nessa exploração. Se você é um empreendedor, um líder empresarial, um profissional de tecnologia ou alguém simplesmente curioso sobre o futuro dos negócios, este livro foi escrito com a intenção de fornecer *insights* práticos e inspiração para a transformação inteligente de empreendimentos. Vamos juntos desvendar as possibilidades emocionantes da Inteligência Artificial e moldar o futuro de nossos negócios na era dos Negócios 4.0.

O PODER DA INTELIGÊNCIA ARTIFICIAL

Antes de mergulharmos nas profundezas da IA aplicada aos negócios, é fundamental entendermos o que é essa força transformadora. A Inteligência Artificial é o campo da ciência da computação que busca desenvolver sistemas capazes de realizar tarefas que normalmente exigiriam inteligência humana. Essas tarefas incluem desde a análise de grandes volumes de dados até o reconhecimento de padrões complexos em imagens e a tomada de decisões autônomas.

Ao longo dos anos, a IA evoluiu de algoritmos simples para redes neurais complexas e modelos de aprendizado profundo. A capacidade de processar e entender dados complexos permitiu que a IA se destacasse em uma variedade de cenários empresariais. Desde a otimização de operações internas até a criação de experiências personalizadas para os clientes, a IA está se tornando a espinha dorsal das estratégias de negócios de sucesso.

OS PILARES DA IA EMPRESARIAL

A aplicação eficaz da IA nos negócios não se trata apenas de implementar algoritmos complexos, mas também de compreender os pilares que sustentam essa transformação. Primeiramente, a qualidade dos dados é crucial. Dados de alta qualidade servem como combustível para os modelos de IA, permitindo que eles aprendam e melhorem ao longo do tempo. Além disso, a seleção cuidadosa das variáveis relevantes e a preparação adequada dos dados são etapas essenciais para garantir resultados confiáveis.

Em segundo lugar, a expertise humana é insubstituível. A IA não é uma solução independente, mas uma ferramenta que aprimora a tomada de decisões humanas. A colaboração entre profissionais de negócios e especialistas em IA é fundamental para desenvolver soluções bem-sucedidas que estejam alinhadas com as metas da empresa.

Ou seja, por mais que a Inteligência Artificial tenha vindo para nos ajudar em diferentes áreas de nossas vidas, não podemos parar de aprender, ter pensamento crítico e explorar. Só assim caberá ao mercado dizer se seremos ou não substituídos, ou até descartados facilmente. Habilidades ainda contam, e muito.

EXPLORANDO OS CASOS DE USO

Nossa jornada neste livro nos levará por uma série de casos de uso em que a IA está impulsionando a inovação empresarial. Cada capítulo explorará exemplos concretos de como as empresas estão aproveitando a IA para obter uma vantagem competitiva.

Vamos mergulhar em setores como varejo, manufatura, marketing e atendimento ao cliente, entre outros, para entender como as estratégias baseadas em IA estão redefinindo as práticas de negócios convencionais. Além disso, discutiremos as lições aprendidas com esses casos de uso e como você pode aplicar essas ideias às suas próprias iniciativas empresariais.

Nunca foi tão fácil escalar um negócio com um time de robôs.

QUESTÕES ÉTICAS E DESAFIOS FUTUROS

À medida que abraçamos a era da IA nos negócios, é imperativo considerarmos as questões éticas e sociais que surgem. O viés nos dados, a privacidade dos usuários e a automação de empregos são apenas alguns dos dilemas que precisam ser abordados de maneira cuidadosa e responsável. Este livro não apenas o orientará sobre como alavancar a IA, mas também o incentivará a considerar os impactos mais amplos de suas decisões.

À medida que concluímos esta introdução, esteja preparado para mergulhar fundo na interseção da Inteligência Artificial e dos negócios. Ao longo das próximas páginas, exploraremos as estratégias, ferramentas e *insights* necessários para navegar com sucesso por esse território empolgante. Este é o seu guia para desbloquear o potencial da Inteligência Artificial estratégica e transformar seu negócio rumo ao futuro mais inteligente e inovador.

AGRADECIMENTOS

Àqueles que contribuíram para a inspiração e desenvolvimento deste livro, minha gratidão transborda em diferentes direções.

Às mentoras do amanhã: àqueles que desafiaram o presente, plantando as sementes da curiosidade e da inovação no futuro. Vocês são a fonte de inspiração que nutre a busca contínua pelo conhecimento.

Aos desbravadores da mudança: agradeço àqueles que ousaram enfrentar o desconhecido e explorar os limites do possível. Suas histórias moldaram meu entendimento sobre o impacto da adaptação em um mundo em constante evolução.

Aos arquitetos da visão: minha gratidão aos que não apenas viram o potencial da Inteligência Artificial, mas também vislumbraram seu papel transformador nos negócios. Suas perspectivas ampliaram os horizontes deste trabalho.

À comunidade da inovação: agradeço aos colaboradores, acadêmicos, profissionais e entusiastas que compartilharam ideias, debateram conceitos e desafiaram minhas próprias premissas. Suas contribuições foram fundamentais para a criação deste texto.

À mente coletiva: agradeço àqueles que questionam, inspiram e desafiam os limites do conhecimento. Seus *insights* são um farol em um mar de possibilidades.

À medida que fechava estas páginas, me vinha uma profunda gratidão em que reconheço a influência de cada um de vocês na criação desta obra. Seus ensinamentos, visões e paixões coletivas moldaram não apenas este livro, mas também meu próprio entendimento sobre a intersecção entre a Inteligência Artificial e os negócios.

A vocês, cujas pegadas digitais estão gravadas neste trabalho, meu eterno agradecimento por iluminarem o caminho para uma compreensão mais profunda e inspiradora do potencial da Inteligência Artificial.

Com orgulho, Juliana Serafim e seu fiel companheiro, Santiago.

CAPÍTULO 1
Como chegamos até aqui?

Nos últimos séculos, o mundo tem sido palco de uma série de avanços tecnológicos que revolucionaram profundamente nossa forma de viver, comunicar e interagir com o ambiente que nos cerca. Desde a invenção do telefone até a ascensão dos dispositivos móveis modernos, cada conquista tecnológica tem desempenhado um papel crucial na transformação da sociedade e no impulso ao progresso humano.

Pessoalmente, tenho uma profunda admiração pela história e pelos indivíduos visionários que transformaram conceitos imaginários em realidade tangível. É inspirador reconhecer como essas mentes brilhantes moldaram o curso da humanidade com suas inovações. Hoje, podemos desfrutar plenamente dos frutos desse legado.

Espero que compartilhe da mesma apreciação por essa jornada tecnológica fascinante. Vamos explorar juntos, neste capítulo, a história da tecnologia e descobrir como cada avanço nos trouxe até o presente, enquanto antecipamos as emocionantes possibilidades que o futuro nos reserva.

Telefone (1876): o telefone, uma das inovações mais significativas da história da comunicação, foi inventado por Alexander Graham Bell em 1876. Essa invenção revolucionária marcou o início de uma nova era na maneira como as pessoas se comunicavam, abrindo as portas para a comunicação de longa distância em tempo real.

Antes do telefone, as opções de comunicação à distância eram limitadas e geralmente dependiam de métodos lentos, como cartas ou telegramas. O telefone, no entanto, trouxe a capacidade de transmitir a voz humana instantaneamente, superando as barreiras geográficas e conectando pessoas de maneira imediata.

A invenção do telefone teve um impacto profundo em diversos aspectos da sociedade e da economia. Facilitou a expansão dos negócios, permitindo que empresas se comunicassem rapidamente com clientes e parceiros em diferentes locais. Também desempenhou um papel crucial na segurança pública, tornando possível pedir ajuda em situações de emergência de forma mais eficaz.

Além disso, o telefone abriu caminho para o desenvolvimento de redes de comunicação cada vez mais sofisticadas, culminando na criação do sistema de telefonia global que conhecemos hoje. Em resumo, o telefone de Alexander Graham Bell foi um marco fundamental na história da comunicação, transformando a maneira como o mundo se conecta e se comunica.

Energia Elétrica (final do século XIX): o final do século XIX foi um período marcado pela revolução da eletricidade, que trouxe transformações profundas na sociedade e na vida cotidiana. Antes desse avanço, a iluminação era geralmente baseada em fontes de luz como velas, lâmpadas a gás ou lampiões a óleo, que eram ineficientes e muitas vezes perigosos. No entanto, com o desenvolvimento da eletricidade, a iluminação elétrica se tornou uma realidade.

A invenção da lâmpada incandescente por Thomas Edison em 1879 foi um dos marcos mais importantes desse período. A lâmpada incandescente permitiu iluminar edifícios de maneira mais eficiente e segura, transformando as cidades em lugares mais brilhantes durante a noite. A eletricidade também trouxe a possibilidade de iluminação pública em grande escala, tornando as ruas mais seguras e acessíveis.

Além disso, a eletricidade revolucionou a produção industrial. As fábricas agora podiam utilizar motores elétricos para acionar máquinas, substituindo a energia manual ou a vapor. Isso aumentou significativamente a produtividade e a eficiência da produção industrial, levando a um aumento na fabricação de produtos em larga escala.

A capacidade de transmitir eletricidade por longas distâncias, graças às descobertas de Nikola Tesla e George Westinghouse na área da corrente alternada, tornou possível a criação de redes elétricas interurbanas. Isso permitiu que a eletricidade fosse gerada em locais distantes e depois distribuída para áreas urbanas e rurais. As redes elétricas possibilitaram o acesso generalizado à eletricidade, beneficiando não apenas a indústria, mas também os lares.

Em resumo, o desenvolvimento da eletricidade no final do século XIX teve um impacto profundo na iluminação, na produção industrial e na vida cotidiana das pessoas. Essa revolução tecnológica transformou cidades, melhorou a qualidade de vida e impulsionou o progresso econômico, inaugurando uma era de inovação e mudanças que moldaram o século XX.

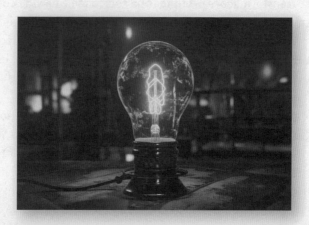

Automóvel (final do século XIX e início do século XX): a invenção do automóvel foi um marco histórico que transformou radicalmente a forma como as pessoas se deslocam e moldou a sociedade moderna. Antes do automóvel, a mobilidade dependia principalmente de meios de transporte mais lentos e limitados, como cavalos, carruagens puxadas por animais e trens.

O automóvel, como o conhecemos hoje, começou a tomar forma no final do século XIX e início do século XX. Diversos inventores e engenheiros contribuíram para o desenvolvimento dos primeiros veículos motorizados, incluindo nomes como Karl Benz, que é frequentemente creditado como o criador do primeiro automóvel com motor a gasolina em 1885.

No entanto, a verdadeira revolução na indústria automobilística veio com o trabalho de Henry Ford. Em 1908, Ford introduziu o lendário Modelo T, que se tornou o primeiro automóvel acessível em grande escala. A inovação mais significativa de Ford foi a introdução da linha de montagem, um método de produção em massa que permitia a fabricação rápida e econômica de automóveis. Isso tornou os carros muito mais acessíveis para a classe média e revolucionou o transporte pessoal.

O impacto do automóvel na sociedade foi profundo. Ele proporcionou maior mobilidade às pessoas, permitindo que viajassem mais rapidamente e a distâncias maiores. Isso teve um efeito significativo no desenvolvimento urbano, pois as cidades começaram a se expandir com a crescente popularidade dos automóveis.

Além disso, o automóvel abriu novas oportunidades econômicas, impulsionando a indústria automobilística, a construção de estradas, postos de gasolina e uma série de outras indústrias relacionadas. Também contribuiu para a cultura do carro, com viagens rodoviárias, corridas de automóveis e uma sensação de liberdade que se tornou emblemática.

A invenção do automóvel desempenhou um papel crucial na história da mobilidade e do desenvolvimento urbano, e a contribuição de Henry Ford com a linha de montagem tornou os carros acessíveis para as massas, desencadeando uma revolução no transporte pessoal e na sociedade como um todo.

Rádio (década de 1920): a história do rádio é fascinante e representa um marco significativo na evolução dos meios de comunicação e entretenimento. Antes do rádio, as informações e o entretenimento eram transmitidos principalmente por meio de jornais, revistas e apresentações ao vivo. A invenção do rádio mudou completamente essa dinâmica, tornando-se uma janela para o mundo nas casas das pessoas.

Alguns pontos-chave para entender a história do rádio

Início da comunicação sem fio: o rádio como o conhecemos hoje começou a se desenvolver no final do século XIX e início do século XX. Inventores como Guglielmo Marconi e Nikola Tesla contribuíram para os avanços na tecnologia da comunicação sem fio.

Primeiras transmissões: as primeiras transmissões de rádio eram principalmente comunicações de Código Morse, usadas para fins marítimos e militares. Marconi é frequentemente citado por realizar a primeira transmissão transatlântica de rádio em 1901.

Radiodifusão comercial: no início do século XX, a radiodifusão comercial começou a se desenvolver. As primeiras estações de rádio transmitiam principalmente música ao vivo e notícias. Em 1920, a primeira estação de rádio comercial, a KDKA, em Pittsburgh, começou a transmitir regularmente.

Explosão da popularidade: o rádio rapidamente ganhou popularidade em todo o mundo, proporcionando um meio acessível e conveniente para as pessoas se manterem informadas e entretidas. Programas de rádio ao vivo, como dramas, comédias e programas musicais, se tornaram parte integrante da cultura popular.

Impacto na sociedade: o rádio desempenhou um papel crucial na difusão de informações durante eventos importantes, como as duas guerras mundiais e a Grande Depressão. Também foi uma plataforma importante para músicos, lançando carreiras e promovendo estilos musicais diversos.

Evolução tecnológica: a tecnologia de rádio continuou a evoluir, com melhorias na qualidade do som e na capacidade de transmissão. A introdução do rádio FM nas décadas de 1930 e 1940 melhorou significativamente a qualidade do áudio.

Rádio na era digital: com o advento da Internet, o rádio não desapareceu, mas sim se adaptou à era digital. Muitas estações de rádio agora transmitem online, oferecendo uma variedade ainda maior de opções de programação.

O rádio revolucionou a comunicação e o entretenimento ao trazer notícias, música e entretenimento em tempo real para as casas das pessoas. Sua influência na sociedade e na cultura é profunda, e, embora tenha enfrentado desafios com o surgimento de novas tecnologias, o rádio continua sendo uma parte importante da paisagem de mídia atual.

TV colorida (1950): a história da televisão é uma jornada incrível de inovação tecnológica que teve um impacto profundo na sociedade e na forma como consumimos informações e entretenimento. Para aqueles que não estão familiarizados com essa história, aqui está um contexto histórico e como a TV contribuiu para o avanço tecnológico:

Contexto histórico

Os primórdios da televisão: a ideia de transmitir imagens em movimento à distância remonta ao final do século XIX, com contribuições de inventores como Paul Nipkow, que desenvolveu o Disco de Nipkow, um dispositivo fundamental para a televisão mecânica primitiva.

Televisão mecânica e eletrônica: no início do século XX, os sistemas de televisão mecânica e eletrônica começaram a se desenvolver. A televisão mecânica, como o Disco de Baird, usava discos giratórios para criar imagens em movimento, enquanto a televisão eletrônica, como a invenção do tubo de raios catódicos (CRT), permitiu a transmissão de imagens eletrônicas.

Televisão em preto e branco: as primeiras transmissões de televisão comercial ocorreram na década de 1920, mas a maioria das Tvs era em preto e branco. As transmissões em cores eram um desafio técnico significativo.

A introdução da televisão colorida: a televisão colorida tornou-se uma realidade nos anos 1950 e 1960. O sistema NTSC (National Television System Committee) nos Estados Unidos e outros sistemas em todo o mundo permitiram a transmissão de programas coloridos.

Contribuições para o avanço tecnológico

Desenvolvimento de novas tecnologias: a busca pela televisão colorida impulsionou a pesquisa e o desenvolvimento de tecnologias relacionadas, incluindo novos métodos de transmissão, câmeras coloridas, tubos de raios catódicos coloridos e sistemas de sinalização.

Maior qualidade visual: a transição para a televisão colorida melhorou significativamente a qualidade visual das transmissões.

Isso proporcionou uma experiência de visualização mais envolvente e realista.

Expansão da indústria: a introdução da televisão colorida impulsionou a indústria de eletrônicos de consumo, com um aumento na demanda por televisores coloridos e componentes relacionados.

Impacto na cultura e entretenimento: a televisão colorida transformou a forma como as pessoas experimentavam o entretenimento e a informação, tornando os programas e filmes mais cativantes e imersivos.

Em resumo, a televisão colorida não apenas revolucionou a maneira como vemos o mundo, mas também desempenhou um papel importante no avanço tecnológico. A transição para a TV colorida impulsionou o desenvolvimento de novas tecnologias, melhorou a qualidade visual e teve um impacto duradouro na indústria de eletrônicos e na cultura popular. Ela continua a evoluir com o tempo, abrindo caminho para a alta definição (HD), televisão 3D e outras inovações na experiência de visualização.

Computador (décadas de 1940 e 1950)

A história do computador é uma jornada fascinante de inovação e avanços tecnológicos que mudou profundamente a forma como trabalhamos, comunicamos e vivemos. Para quem não está familiarizado, aqui está um resumo da história do computador e seus principais avanços tecnológicos:

Máquinas de cálculo primitivas

A história do computador remonta a máquinas de cálculo mecânicas primitivas, como a máquina analítica, projetada por Charles Babbage, no século XIX. Embora nunca tenha sido construída em sua totalidade, seus conceitos influenciaram o desenvolvimento futuro dos computadores.

Primeiros computadores eletrônicos

Durante a Segunda Guerra Mundial, cientistas e engenheiros desenvolveram os primeiros computadores eletrônicos, como o Colossus, na Inglaterra, e o ENIAC, nos Estados Unidos. Essas máquinas foram usadas principalmente para fins militares e científicos.

Era dos *mainframes*

Nos anos 1950 e 1960, os computadores começaram a se tornar mais acessíveis, principalmente na forma de *mainframes*. Esses computadores enormes eram usados por grandes empresas e instituições para processamento de dados e cálculos complexos.

Revolução dos computadores pessoais (PCs)

A década de 1970 testemunhou o surgimento dos primeiros computadores pessoais, como o Altair 8800, Apple I e IBM PC. Isso permitiu que as pessoas tivessem computadores em suas casas e desencadeou a revolução da computação pessoal.

Avanços na microeletrônica

Os anos 1970 e 1980 também viram avanços na microeletrônica, com a criação de circuitos integrados e microprocessadores, como o Intel 4004. Esses avanços tornaram os computadores menores, mais poderosos e mais acessíveis.

Era da Internet e da computação móvel

Nos anos 1990, a disseminação da Internet mudou a paisagem da computação. A World Wide Web foi criada, permitindo o acesso a informações e serviços online. Ao mesmo tempo, o desenvolvimento de dispositivos móveis, como *smartphones* e *tablets*, transformou a computação em algo portátil e onipresente.

Computação em nuvem e IA

Nas últimas décadas, a computação em nuvem se tornou dominante, permitindo o armazenamento e processamento de dados em servidores remotos. Além disso, avanços significativos em Inteligência Artificial (IA) e aprendizado de máquina estão moldando o futuro da computação, com aplicações em automação, assistentes virtuais e muito mais.

Hoje, os computadores desempenham um papel central em quase todos os aspectos de nossas vidas, desde o trabalho até o entretenimento e a comunicação. Eles continuam a evoluir, tornando-se cada vez mais poderosos, compactos e integrados a nossa sociedade de maneiras que nem poderíamos imaginar nas primeiras fases de sua história.

Internet (década de 1960)

A história da Internet é uma narrativa incrivelmente rica e complexa que remonta às décadas de 1960 e 1970. Ela teve origem na necessidade de estabelecer uma forma de comunicação eficaz entre computadores distantes geograficamente. Aqui está um resumo da história da Internet, incluindo sua criação e evolução:

Contexto e necessidade inicial

Na década de 1960, os Estados Unidos enfrentavam desafios de comunicação em rede, particularmente no contexto militar e de pesquisa. A Guerra Fria estava em andamento, e o Departamento de Defesa dos EUA estava preocupado com a capacidade de comunicação em caso de ataques nucleares.

A ARPANET (1969)

A resposta a essa necessidade foi a criação da ARPANET (Advanced Research Projects Agency Network), uma rede de computadores financiada pelo Departamento de Defesa dos EUA. A ARPANET foi projetada para permitir a comunicação entre computadores em diferentes locais, inicialmente em quatro universidades e instituições de pesquisa.

Protocolo TCP/IP (1970s)

Para que os computadores na ARPANET pudessem se comunicar efetivamente, foram desenvolvidos protocolos de comunicação, mais notavelmente o TCP/IP (Transmission Control Protocol/Internet Protocol). O TCP/IP se tornou o alicerce da Internet, permitindo a transferência confiável de dados entre computadores em diferentes redes.

Crescimento e expansão (1970s-1980s)

A ARPANET continuou a crescer e evoluir, conectando mais instituições de pesquisa e universidades nos Estados Unidos. Durante esse período, a ARPANET se transformou na base da Internet.

A Internet se torna global (1980s-1990s)
Na década de 1980, a ARPANET expandiu suas conexões internacionais, marcando o início da Internet global. Além disso, a World Wide Web (WWW) foi criada em 1989 por Tim Berners-Lee, um cientista britânico, tornando-se uma das aplicações mais populares da Internet.

Popularização da Internet (1990s)
A década de 1990 viu um crescimento explosivo da Internet. Empresas de tecnologia, como a Netscape, lançaram navegadores da web, tornando a Internet acessível ao público em geral. As conexões de banda larga substituíram as antigas conexões *dial-up*, permitindo uma experiência de Internet mais rápida.

A Internet atual (Século XXI)
A Internet continuou a se expandir e evoluir ao longo do século XXI, com o surgimento de redes sociais, serviços de *streaming*, comércio eletrônico e uma infinidade de aplicativos e serviços online. A Internet tornou-se uma parte fundamental da vida cotidiana, afetando a forma como trabalhamos, nos comunicamos, nos divertimos e aprendemos.

Hoje, a Internet é uma rede global que conecta bilhões de pessoas, dispositivos e recursos. Ela desempenha um papel central na sociedade, na economia global e na forma como compartilhamos informações e ideias. Sua criação e evolução foram impulsionadas pela necessidade de comunicação eficaz entre computadores, mas seu impacto transcendeu amplamente esses objetivos iniciais.

Celular (1973)
A comunicação móvel se tornou uma parte indispensável de nossas vidas. A evolução do celular em relação ao telefone tradicional é marcada por uma série de avanços tecnológicos significativos. Resumo dessa história:

O primeiro telefonema celular (1973)

O celular, como o conhecemos hoje, teve seu início em 1973, quando Martin Cooper, um engenheiro da Motorola, fez o primeiro telefonema de um telefone celular. Esse dispositivo inicial era conhecido como DynaTAC 8000X e tinha um tamanho considerável em comparação com os celulares modernos.

Telefones celulares analógicos (anos 1980)

Nas décadas de 1980 e 1990, os telefones celulares analógicos se tornaram mais comuns. Eles eram maiores e menos eficientes em termos de espectro de frequência, mas representaram um avanço em mobilidade e comunicação pessoal.

Transição para redes digitais (1990s)

A transição das redes analógicas para as redes digitais, como o GSM (Global System for Mobile Communications), melhorou significativamente a qualidade das chamadas e permitiu serviços adicionais, como mensagens de texto.

Telefones celulares compactos (década de 1990)

Durante a década de 1990, os telefones celulares se tornaram mais compactos e acessíveis. Modelos como o Nokia 5110 e o Motorola StarTAC foram amplamente populares.

A era dos smartphones (início dos anos 2000)

O início dos anos 2000 marcou o surgimento dos *smartphones*, que combinavam funções de telefonia com recursos de computação. O BlackBerry foi um dos primeiros *smartphones* populares, seguido pelo lançamento do iPhone pela Apple, em 2007, que revolucionou a indústria.

Expansão da conectividade e aplicativos (década de 2010)

Durante a década de 2010, os *smartphones* se tornaram onipresentes, e a conectividade móvel de alta velocidade, como o 4G e o 5G, permitiu o acesso à Internet em alta velocidade em dispositivos móveis. Isso impulsionou o desenvolvimento de uma ampla variedade de aplicativos e serviços móveis.

O futuro

Atualmente, os *smartphones* são uma parte essencial da vida moderna, e a tendência aponta para a continuação da integração de tecnologias como Inteligência Artificial, realidade virtual e Internet das Coisas (IoT) em dispositivos móveis.

A evolução do celular, desde o primeiro telefonema de Martin Cooper até os modernos *smartphones*, tem sido um processo contínuo de inovação tecnológica. Esses dispositivos não apenas transformaram a comunicação, mas também afetaram profundamente a forma como trabalhamos, nos divertimos e nos relacionamos com o mundo ao nosso redor.

Redes sociais (2000)

Fundada em 1997 nos Estados Unidos por Andrew Weinreich, o SixDegrees se destaca como a pioneira das redes sociais. Sua concepção foi influenciada pela Teoria dos Seis Graus de Separação, que postula que todas as pessoas do mundo estão conectadas por até seis laços de amizade. Embora não tenha incorporado funcionalidades de compartilhamento de fotos e vídeos, a plataforma inovou ao introduzir recursos fundamentais que são agora considerados padrão em todas as redes sociais, como a capacidade de conectar usuários distintos e formar grupos. Plataformas como Friendster, MySpace e posteriormente Facebook e Twitter transformaram a maneira como interagimos e compartilhamos informações. As redes sociais redefiniram a conectividade e o engajamento social.

Smartphone (2000s): em 23 de novembro de 1992, o mundo testemunhou o nascimento do IBM Simon, amplamente reconhecido como o pioneiro dos *smartphones*. Esse dispositivo, embora volumoso e pesado, como era característico da época, marcou o início de uma revolução na indústria de telecomunicações ao introduzir o conceito de um sistema operacional em um dispositivo móvel. A combinação de telefone celular com funções computacionais resultou no *smartphone*. O iPhone, lançado em 2007, marcou o início da era dos dispositivos móveis inteligentes, que não apenas permitem comunicação, mas também oferecem uma infinidade de aplicativos e serviços.

IoT (Internet das Coisas) (2000): a Internet das Coisas (IoT) expandiu-se rapidamente, conectando uma variedade de dispositivos à Internet, permitindo a troca de informações e a execução de tarefas automatizadas. Isso inclui desde eletrodomésticos inteligentes até sistemas de segurança conectados. Iremos entender melhor nos próximos capítulos.

Carros autônomos (2000): embora o conceito de carros autônomos seja frequentemente associado à tecnologia moderna, sua jornada começou surpreendentemente na década de 1920. O imaginário coletivo, impulsionado por visões futuristas como os Jetsons, sempre ansiou por veículos que pudessem operar sem intervenção humana. Na revista *Reparação Automotiva*, desvendamos a fascinante história dessa busca incessante por modernidade.

Década de 20: os primeiros passos em direção ao carro autônomo

O protótipo inaugural do carro autônomo surgiu em 1921, nos

Estados Unidos, especificamente no estado de Ohio. Esse modelo assemelhava-se a um carrinho de mão, movido pela mesma tecnologia utilizada nos rádios da época. No entanto, vale ressaltar que esse veículo, embora inovador, ainda não era capaz de transportar passageiros autonomamente, requerendo a supervisão de um condutor que seguia logo atrás.

Foi apenas em 1925 que o engenheiro militar Francis P. Houdina estabeleceu um marco importante ao lançar o primeiro automóvel sem motorista. Utilizando a tecnologia de ondas de rádio, esse veículo, apelidado de *American Wonder* (Maravilha Americana, numa tradução livre), desfilou pelas ruas de Nova York. Entretanto, essa demonstração pioneira não foi isenta de obstáculos, culminando em uma colisão com outro automóvel que transportava fotógrafos, ilustrando os desafios iniciais da jornada em busca do carro autônomo.

A pesquisa e o desenvolvimento de veículos autônomos (carros que não necessitam de condutores humanos) continuaram a avançar, com várias empresas de tecnologia e montadoras testando protótipos e sistemas de direção autônoma.

Blockchain e criptomoedas (2008): a história da *Blockchain* começou com a criação do Bitcoin em 2009, quando uma pessoa ou grupo sob o pseudônimo "Satoshi Nakamoto" lançou a primeira criptomoeda e sua rede *blockchain*. A *blockchain* é uma tecnologia de registro descentralizado que permite a criação de um livro-razão digital imutável e seguro. Desde então, a *blockchain* evoluiu e encontrou aplicações além das criptomoedas, sendo usada em uma variedade de setores, incluindo finanças, cadeia de suprimentos, saúde e muito mais. Ela é apreciada por sua capacidade de garantir transações seguras e transparentes, bem como possibilitar a criação de contratos inteligentes e aplicações descentralizadas (DApps) que operam sem a necessidade de intermediários. A *blockchain* está no centro da revolução da tecnologia de registro e continua a evoluir com o tempo. Falaremos mais sobre isso mais adiante.

Inteligência Artificial e aprendizado de máquina avançados (2010): as capacidades de inteligência e aprendizado das máquinas continuaram a evoluir, permitindo que sistemas computacionais realizassem tarefas cada vez mais complexas, como reconhecimento de padrões, tradução automática e diagnósticos médicos. Falaremos mais sobre isso mais adiante.

Tablet (2010): o marco inaugural no lançamento comercial de *tablets* ocorreu em 1987, cortesia da empresa americana Linus Technologies. No entanto, é essencial notar que o Write-Top, como era conhecido, diferia substancialmente dos modernos dispositivos dessa categoria que conhecemos atualmente. Esse pioneiro pesava cerca de quatro quilos e, ao contrário das funcionalidades contemporâneas, seu propósito primordial era proporcionar uma experiência de escrita com uma caneta *stylus* na tela. Intrigantemente, o dispositivo tinha a habilidade de converter a escrita cursiva do usuário em texto. No entanto, essa conversão requeria um treinamento prévio do *tablet* para reconhecer a escrita de cada indivíduo. Os *tablets*, popularizados pelo *iPad* da Apple em 2010, trouxeram uma experiência de computação móvel intermediária entre *smartphones* e computadores tradicionais. Eles se tornaram ferramentas versáteis para consumo de conteúdo, trabalho e criatividade.

Realidade virtual (VR) e realidade aumentada (AR) (2010): determinar o momento exato em que a realidade virtual teve sua gênese é uma tarefa desafiadora, uma vez que esse conceito tem permeado a imaginação humana há muito tempo, buscando criar ambientes que transcendem a realidade. Em 1838, o britânico Charles Wheatstone deu um passo precursor ao inventar óculos estereoscópicos, que incorporavam espelhos posicionados na frente dos olhos com uma ligeira angulação nas lentes. O resultado gerava a sobreposição de duas imagens, fossem elas desenhos ou fotografias, criando a ilusão de profundidade e imersão. No entanto, naquela época, ainda não era possível alcançar um nível de acessibilidade significativo nesse campo.

Um marco notável surge em 1935 com a publicação do conto de ficção científica *Os óculos de Pigmalião*, escrito por Stanley Weinbaum. Nesse conto, Weinbaum descreve um par de óculos que transportam o usuário para um mundo surreal, mesclando holografia com estímulos sensoriais como sons e aromas, como se fosse um projetor individual. Essa narrativa visionária delineou um caminho intrigante para o desenvolvimento subsequente da realidade virtual.

Nos anos seguintes ao *tablet*, houve um avanço significativo na tecnologia de realidade virtual e realidade aumentada. Dispositivos como os óculos de realidade virtual oferecem experiências imersivas em ambientes virtuais, enquanto a realidade aumentada combina elementos virtuais com o ambiente real, por meio de dispositivos como *smartphones* e óculos AR.

Tecnologias de vestir (2010): na década de 2010, houve um avanço significativo nas tecnologias de vestir. Dispositivos como *smartwatches* e pulseiras de *fitness* ganharam popularidade, permitindo que as pessoas monitorassem sua saúde, atividades físicas e recebessem notificações diretamente em seus pulsos. Esses dispositivos se tornaram parte integrante do estilo de vida moderno, oferecendo funcionalidades que vão desde a contagem de passos até a medição da frequência cardíaca, e a integração com *smartphones* para notificações e aplicativos. Eles representaram uma evolução importante na integração da tecnologia à vida cotidiana, tornando a informação e a conectividade mais acessíveis e convenientes.

Assistentes virtuais inteligentes (2011s): com a evolução do processamento de linguagem natural e aprendizado de máquina, assistentes virtuais como a Siri da Apple, o Google Assistant e a Alexa da Amazon ganharam popularidade. Eles permitem que os usuários interajam com dispositivos e serviços por meio de comandos de voz, realizando tarefas, respondendo perguntas e fornecendo informações.

A história dos assistentes virtuais inteligentes é marcada pela evolução da tecnologia de processamento de linguagem natural e aprendizado de máquina.

Emergência dos assistentes virtuais: com o avanço das capacidades de processamento de linguagem natural e aprendizado de máquina, assistentes virtuais como a Siri da Apple (2011), o Google Assistant (2016) e a Alexa da Amazon (2014) ganharam popularidade. Esses assistentes permitem que os usuários interajam com dispositivos e serviços por meio de comandos de voz.

Funcionalidades avançadas: com o tempo, esses assistentes virtuais foram aprimorados para realizar uma variedade de tarefas, desde responder perguntas e realizar ações simples, como definir lembretes e fazer buscas na *web*, até controlar dispositivos domésticos inteligentes, tocar música e até mesmo contar piadas.

Integração em dispositivos: os assistentes virtuais foram integrados em uma ampla gama de dispositivos, incluindo *smartphones*, *smart speakers*, carros e aparelhos domésticos, tornando-os uma parte essencial da vida cotidiana.

Competição e expansão: empresas como Apple, Google, Amazon e Microsoft competem para aprimorar seus assistentes virtuais e expandir suas capacidades. O ecossistema de aplicativos e serviços compatíveis com esses assistentes continuam a crescer.

Privacidade e segurança: a evolução dos assistentes virtuais também levantou preocupações sobre privacidade e segurança, levando a discussões sobre como os dados dos usuários são tratados.

Exemplos de assistentes virtuais populares

Siri (Apple): a Siri é o assistente virtual da Apple, presente em dispositivos iOS, macOS e HomePod. Ela pode realizar tarefas como enviar mensagens, fazer chamadas, definir lembretes, fornecer informações sobre o clima e controlar dispositivos domésticos inteligentes.

Google Assistant (Google): o Google Assistant é o assistente virtual da Google, disponível em dispositivos Android, iOS e em dispositivos como Google Home e Nest. Ele pode responder a perguntas, executar tarefas, reproduzir música, fazer buscas na web e muito mais.

Alexa (Amazon): Alexa é o assistente virtual da Amazon, que funciona em dispositivos Echo, como o Echo Dot e o Echo Show. Ela pode tocar música, controlar dispositivos domésticos inteligentes, fornecer notícias e até mesmo contar piadas.

Cortana (Microsoft): a Cortana é o assistente virtual da Microsoft, disponível em dispositivos Windows e em aplicativos móveis. Ela pode realizar tarefas, como criar lembretes, agendar compromissos, fazer buscas na *web* e controlar configurações do sistema.

Bixby (Samsung): a Bixby é o assistente virtual da Samsung, que funciona em dispositivos Samsung Galaxy. Ela pode ajudar os usuários a controlar o dispositivo, configurar lembretes, fazer traduções e muito mais.

Assistente Xiao AI: a Xiaomi também desenvolveu seu próprio assistente virtual para dispositivos MIUI. Ele oferece funcionalidades semelhantes aos outros assistentes, como controle de dispositivos inteligentes e respostas a perguntas.

Hoje, os assistentes virtuais inteligentes desempenham um papel significativo na automação e na simplificação de tarefas do dia a dia, e seu desenvolvimento continua a avançar com o objetivo de oferecer experiências cada vez mais personalizadas e úteis aos usuários.

Neste capítulo da história da tecnologia, viajamos por décadas de inovação e progresso, testemunhando como os avanços tecnológicos moldaram radicalmente a maneira como nos comunicamos e interagimos com o mundo ao nosso redor.

Começamos com a invenção do telefone por Alexander Graham Bell em 1876, um marco que abriu as portas para a comunicação de longa distância em tempo real e encurtou as fronteiras geográficas. A eletricidade, no final do século XIX, trouxe uma revolução na iluminação, produção industrial e na vida cotidiana, permitindo transmitir eletricidade por longas distâncias e transformando a sociedade de maneiras inimagináveis.

O automóvel, com sua invenção, marcou uma nova era de mobilidade, graças a Henry Ford e sua linha de montagem, tornando os carros mais acessíveis e revolucionando o transporte pessoal e o desenvolvimento urbano. O rádio, por sua vez, trouxe o mundo para as casas das pessoas, permitindo a transmissão de notícias, música e entretenimento em tempo real.

A televisão colorida revolucionou nossa experiência visual, transformando a transmissão de imagens em preto e branco em uma experiência colorida e envolvente. A chegada da Internet abriu as portas para a comunicação global, permitindo que pessoas em todo o mundo se conectassem e compartilhassem informações instantaneamente.

Finalmente, a era dos assistentes virtuais inteligentes, impulsionada pela evolução da Inteligência Artificial e do aprendizado de máquina, trouxe uma forma totalmente nova de interação com dispositivos e serviços. Agora, podemos simplesmente falar com nossos dispositivos para realizar tarefas, obter respostas a perguntas e receber informações, tornando nossa vida cotidiana mais eficiente e conectada.

Essa jornada pela história da tecnologia é uma prova da capacidade humana de inovação e adaptação. À medida que avançamos, é emocionante imaginar o que o futuro reserva, com tecnologias emergentes, como a realidade aumentada, a Internet das Coisas e muito mais, prometendo moldar ainda mais nosso mundo e nossa interação com ele. Estamos apenas começando a arranhar a superfície do que a tecnologia pode realizar, e o futuro está cheio de possibilidades empolgantes.

CAPÍTULO 2
A melhor forma de prever
o futuro é inventá-lo.
– Alan Kay

A história da Inteligência Artificial (IA) remonta a várias décadas e envolveu contribuições de muitos pesquisadores e cientistas ao longo do tempo. A ideia de criar máquinas que pudessem simular a inteligência humana vem de muito tempo, mas a disciplina formal da IA começou a tomar forma no século XX.

A ideia de criar máquinas que pudessem simular a inteligência humana surgiu de várias motivações e influências ao longo do tempo. Eis aqui algumas razões pelas quais os pesquisadores começaram a explorar a criação de máquinas inteligentes:

Automatização de tarefas
Desde os tempos antigos, os seres humanos buscaram criar dispositivos mecânicos que pudessem executar tarefas difíceis, perigosas ou tediosas. Isso inclui desde os autômatos antigos até as primeiras máquinas desenvolvidas durante a Revolução Industrial.

Curiosidade científica
A busca pela criação de máquinas inteligentes também foi impulsionada pela curiosidade científica. Os primeiros matemáticos e cientistas estavam interessados em explorar os limites da inteligência humana e entender como ela poderia ser simulada em um sistema mecânico.

Desafios matemáticos

A teoria da computabilidade, desenvolvida por matemáticos como Alan Turing, levou à criação do conceito de uma "Máquina de Turing", que é um dispositivo teórico que pode realizar qualquer cálculo que um ser humano possa fazer. Isso inspirou pesquisadores a explorar a possibilidade de construir máquinas que fossem capazes de realizar tarefas complexas.

Avanços tecnológicos

Com o avanço da tecnologia, especialmente na área da eletrônica e da computação, tornou-se possível criar sistemas que pudessem processar informações de maneira mais rápida e eficiente. Isso abriu portas para a criação de sistemas que poderiam executar tarefas que antes eram consideradas inatingíveis para as máquinas.

Necessidades práticas

Durante a Segunda Guerra Mundial, a necessidade de decifrar códigos inimigos, como o Código Enigma, impulsionou o desenvolvimento de métodos e técnicas que poderiam ser considerados precursores da Inteligência Artificial. A busca por métodos eficientes de análise e processamento de informações levou ao desenvolvimento de conceitos que seriam posteriormente incorporados à IA.

Em resumo, a criação de máquinas inteligentes foi motivada por uma combinação de curiosidade científica, avanços tecnológicos, necessidades práticas e a busca por simular a inteligência humana. Com o tempo, essas motivações se desenvolveram em uma disciplina formal de pesquisa conhecida como Inteligência Artificial.

Vou destacar algumas das figuras mais proeminentes em cada geração que contribuíram para a evolução da Inteligência Artificial ao longo do tempo:

Geração pré-computador

Quem foi Ada Lovelace (1815-1852) Ada Lovelace, uma matemática britânica, é frequentemente considerada a primeira programadora da história. Ela nasceu em Londres, Inglaterra, sendo filha do famoso poeta Lord Byron e da matemática Anne Isabella Byron, também conhecida como Lady Byron.

Ada Lovelace teve uma educação excepcionalmente rigorosa em matemática e ciências, influenciada pela ênfase de sua mãe em afastá-la de quaisquer tendências artísticas que seu pai pudesse ter transmitido. Através de seus estudos com tutores particulares e frequentando palestras acadêmicas, Ada Lovelace desenvolveu um profundo interesse em matemática e lógica.

Seu encontro com o matemático e inventor Charles Babbage foi um momento crucial em sua vida. Babbage projetou a Máquina Diferencial, uma máquina mecânica projetada para executar cálculos complexos automaticamente. Lovelace colaborou com Babbage e, em 1843, traduziu um artigo escrito pelo matemático italiano Luigi Federico Menabrea sobre a Máquina Diferencial.

No entanto, a contribuição mais significativa de Ada Lovelace foi suas próprias anotações e *insights* adicionados ao artigo de Menabrea. Nessas anotações, Lovelace não apenas traduziu o texto, mas também acrescentou explicações e ideias próprias. Ela sugeriu que a Máquina Diferencial poderia ser usada para além de cálculos matemáticos, podendo criar símbolos e realizar funções gerais. Suas notas sobre o que hoje chamamos de algoritmo são consideradas as primeiras instruções de programação já escritas.

Em essência, Ada Lovelace previu a capacidade das máquinas de executar operações além dos cálculos numéricos, antecipando o conceito moderno de programação de computadores. Suas ideias foram pouco reconhecidas em sua época, mas suas contribuições ganharam reconhecimento crescente ao longo do tempo, e ela é agora considerada uma pioneira na ciência da computação.

O termo Linguagem de Programação Ada, uma linguagem de programação de uso geral, foi nomeado em homenagem a Ada Lovelace para reconhecer suas contribuições para o campo da computação.

Geração dos primeiros computadores

Quem foi Alan Turing (1912-1954). Foi um matemático, lógico, criptoanalista e pioneiro da ciência da computação britânica. Sua contribuição mais notável foi seu trabalho durante a Segunda Guerra Mundial na quebra de códigos alemães, incluindo o famoso código da Máquina Enigma, usado para comunicações secretas dos nazistas.

Conquistas de destaque

Máquina de Turing: Turing é mais conhecido por seu conceito da Máquina de Turing, um modelo teórico de um dispositivo que pode simular qualquer algoritmo. Isso se tornou uma base fundamental para a ciência da computação e é frequentemente usado para explicar o que um computador é capaz de fazer.

Decifração do Código Enigma: durante a Segunda Guerra Mundial, Turing foi uma figura central na equipe de Bletchley Park, na Inglaterra, que trabalhou na quebra do Código Enigma usado pelas forças alemãs para codificar suas comunicações. Turing ajudou a projetar uma máquina chamada "Bombe" que acelerou significativamente o processo de decifração, desempenhando um papel crucial na vitória dos Aliados.

Contribuições para a Lógica e a Matemática: Turing também fez avanços importantes nas áreas da lógica e da matemática, desenvolvendo conceitos como a máquina universal de Turing, que estabeleceu a base teórica para a ideia de um computador programável.

Perseguição e trágico fim: apesar de suas realizações notáveis, a vida de Turing foi marcada por dificuldades pessoais e pela perseguição devido à sua orientação sexual. Em 1952, ele foi processado por "indecência grosseira" devido a um relacionamento com outro homem, o que era criminalizado na época na Inglaterra. Turing foi condenado e optou por realizar um tratamento hormonal, conhecido como "castração química", como alternativa à prisão.

Tragicamente, em 1954, Alan Turing foi encontrado morto em sua casa, e a causa oficial de sua morte foi envenenamento por cianeto. A morte de Turing foi classificada como suicídio, embora tenha havido especulações e debates sobre as circunstâncias precisas.

Legado

O trabalho de Alan Turing teve um impacto duradouro e profundo na ciência da computação e na matemática. Ele é considerado um dos fundadores da ciência da computação teórica e sua Máquina de Turing é uma ideia fundamental na compreensão dos limites da computação.

Em 2009, o governo britânico emitiu um pedido formal de desculpas a Turing por sua condenação criminal, reconhecendo o tratamento injusto que ele havia enfrentado devido a sua orientação sexual. Em 2013, ele recebeu um perdão real póstumo.

Alan Turing é lembrado como um gênio da matemática e um pioneiro da computação cujo trabalho influenciou significativamente o desenvolvimento de tecnologias modernas.

Décadas de 1950 e 1960
John McCarthy (1927-2011)

Foi um matemático, cientista da computação e uma das figuras mais influentes no desenvolvimento da Inteligência Artificial (IA). Ele nasceu em Boston, Massachusetts, nos Estados Unidos. McCarthy é conhecido por cunhar o termo "Inteligência Artificial" e por ser uma figura fundamental no estabelecimento da IA como um campo de pesquisa formal.

Principais realizações e contribuições de John McCarthy

Cunhando o termo "Inteligência Artificial": em 1955, McCarthy organizou a Conferência de Dartmouth, um evento que reuniu cientistas e pesquisadores para discutir a possibilidade de criar máquinas capazes de imitar a inteligência humana. Durante essa conferência, ele cunhou o termo "Inteligência Artificial" para descrever o campo emergente de pesquisa.

Desenvolvimento da linguagem de programação Lisp: McCarthy é amplamente conhecido por ter criado a linguagem de programação Lisp (List Processing) na década de 1950. Lisp foi uma das primeiras linguagens de programação projetadas especificamente para realizar pesquisas em IA. Ela permitia a manipulação de listas de dados e símbolos, características que se mostraram úteis para a construção de sistemas inteligentes.

Trabalho em lógica e aprendizado de máquina: McCarthy também fez contribuições significativas para a lógica matemática e o aprendizado de máquina. Ele desenvolveu a lógica modal, uma extensão da lógica proposicional que se tornou útil para representar conhecimento em sistemas de IA. Além disso, ele explorou abordagens de aprendizado de máquina e investigou como as máquinas poderiam adquirir conhecimento a partir de dados.

Redes neurais e processamento de linguagem natural: McCarthy também se envolveu em pesquisas relacionadas a redes neurais e processamento de linguagem natural. Ele estava interessado em como as máquinas poderiam compreender e gerar linguagem natural, um desafio que continua a ser relevante na IA até hoje.

Contribuição contínua para o campo: McCarthy permaneceu ativo na pesquisa em IA ao longo de sua carreira. Ele também desempenhou um papel fundamental na formação da comunidade de IA, através de sua influência como educador e mentor para outros pesquisadores.

John McCarthy é lembrado como um dos pioneiros mais influentes na IA. Sua visão e trabalho ajudaram a estabelecer os fundamentos teóricos e práticos para a pesquisa em Inteligência Artificial, e suas contribuições continuam a ter um impacto duradouro no campo.

Herbert Simon (1916-2001) e Allen Newell (1927-1992) foram dois cientistas da computação e psicólogos cognitivos americanos que tiveram um impacto significativo no campo da Inteligência Artificial (IA) e no estudo da cognição humana. Eles colaboraram em várias pesquisas e projetos que influenciaram a maneira como a IA e a psicologia cognitiva são compreendidas.

Herbert Simon

Herbert Alexander Simon nasceu em Milwaukee, Wisconsin, EUA.

Ele é conhecido por seu trabalho pioneiro na teoria da tomada de decisões e em campos interdisciplinares como a economia comportamental.

Juntamente com Newell, ele desenvolveu o programa Logic Theorist, um dos primeiros programas de computador a demonstrar habilidades de resolução de problemas e raciocínio simbólico.

Eles também desenvolveram o conceito de "processamento de símbolos", que se tornou fundamental para a IA simbólica.

Simon foi laureado com o Prêmio Nobel de Economia em 1978 por suas contribuições à teoria da organização e tomada de decisões econômicas.

Allen Newell

Nasceu em San Francisco, Califórnia, EUA.

Ele colaborou com Simon na criação do programa *Logic Theorist* e, mais tarde, desenvolveu o *General Problem Solver* (GPS), um sistema capaz de resolver problemas complexos, seguindo regras lógicas.

Newell também fez contribuições significativas para o desenvolvimento da linguagem de programação IPL (Information Processing Language), que foi uma das primeiras linguagens a permitir que os programadores trabalhassem com conceitos de IA.

Ele foi um dos primeiros a defender a ideia de que a cognição humana poderia ser modelada usando conceitos de IA e que os computadores poderiam ser usados para entender melhor os processos do pensamento humano.

Juntos, Simon e Newell, foram pioneiros na abordagem da IA conhecida como "IA simbólica" ou "IA baseada em regras", que se concentra na manipulação de símbolos e no raciocínio lógico para resolver problemas. Eles exploraram como os computadores poderiam ser programados para realizar tarefas que envolviam processos cognitivos semelhantes aos dos seres humanos, como resolução de problemas, raciocínio e tomada de decisões.

Suas contribuições e pesquisa têm um impacto duradouro tanto na área da IA quanto na psicologia cognitiva, e suas ideias continuam a influenciar a maneira como compreendemos a inteligência e a cognição, tanto nas máquinas quanto nos seres humanos.

Arthur Samuel desenvolveu o programa de xadrez para computador, assim como a capacidade de melhorar suas habilidades ao longo do tempo, marcando o início do conceito de aprendizado de máquina.

Arthur Samuel (1901-1990)

Foi um pioneiro em Inteligência Artificial e aprendizado de máquina. Ele é conhecido por desenvolver um programa de xadrez que aprendia e melhorava suas habilidades com base na experiência, estabelecendo um marco significativo no campo do aprendizado de máquina.

Principais realizações de Arthur Samuel

Programa de xadrez autoaprendizagem: em meados da década de 1950, Samuel desenvolveu um programa de xadrez chamado "Samuel's Checkers-Playing Program". O que tornou esse programa notável foi que ele não foi programado com estratégias de xadrez pelos desenvolvedores. Em vez disso, Samuel projetou o programa para aprender jogando contra si mesmo e ajustando suas táticas com base nas partidas. Isso marcou uma das primeiras instâncias de aprendizado de máquina.

Uso de funções de avaliação: Samuel utilizou funções de avaliação para atribuir valores às posições do tabuleiro de xadrez, o que permitiu que o programa tomasse decisões informadas sobre suas jogadas. Ao aprender com cada jogo e ajustar suas funções de avaliação, o programa melhorou constantemente seu desempenho ao longo do tempo.

Desenvolvimento de técnicas de aprendizado de máquina: o trabalho de Samuel lançou as bases para a abordagem moderna de aprendizado de máquina, que envolve algoritmos e sistemas que podem aprender com dados e melhorar seu desempenho ao longo do tempo.

Impacto na IA e aprendizado de máquina: o trabalho pioneiro de Arthur Samuel no aprendizado de máquina inspirou pesquisadores e cientistas da computação a explorarem novas maneiras de criar programas que pudessem aprender e se adaptar autonomamente. Sua pesquisa teve um impacto duradouro na evolução da Inteligência Artificial e da área de aprendizado de máquina.

Embora Samuel seja mais conhecido por suas contribuições no campo do aprendizado de máquina, é importante ressaltar que ele também fez contribuições significativas em outras áreas, incluindo processamento de linguagem natural e simulação de jogos de xadrez.

Arthur Samuel é lembrado como um dos visionários que ajudou a estabelecer as bases para o campo do aprendizado de máquina e inspirou gerações subsequentes de pesquisadores a explorar as possibilidades da IA e do desenvolvimento de sistemas que podem aprender e melhorar com a experiência.

Décadas de 1970 e 1980

Marvin Minsky (1927-2016) e Seymour Papert (1928-2016) foram dois proeminentes cientistas da computação e pesquisadores da Inteligência Artificial (IA) que tiveram um impacto profundo no desenvolvimento da área. Eles são conhecidos por suas contribuições pioneiras em diversos aspectos da IA, incluindo redes neurais, processamento de linguagem natural e educação.

Marvin Minsky

Minsky nasceu em Nova York, EUA.

Ele é considerado uma das figuras mais influentes na história da IA e é frequentemente chamado de "Pai da IA".

Minsky trabalhou com redes neurais e foi pioneiro em pesquisas sobre percepção, resolução de problemas e aprendizado em máquinas.

Junto com John McCarthy, Nathaniel Rochester e Claude Shannon, Minsky fundou o Laboratório de Inteligência Artificial do MIT (Massachusetts Institute of Technology) em 1959.

Ele também fez contribuições para a área de visão computacional, explorando como as máquinas poderiam interpretar e compreender informações visuais.

Seymour Papert

Papert nasceu na África do Sul.

Ele é conhecido por seu trabalho na área de aprendizado de máquina, especialmente por desenvolver a linguagem de programação. Logo, destinada a ensinar programação a crianças.

Papert desenvolveu a teoria da "construçãoismo", que propõe que as pessoas aprendem melhor quando estão envolvidas na construção ativa de algo tangível, como um projeto ou programa de computador.

Ele também fez contribuições significativas para a compreensão da relação entre a aprendizagem, a cognição e a tecnologia, influenciando campos como a educação e a psicologia cognitiva.

Uma das colaborações mais notáveis entre Minsky e Papert foi o livro *Perceptrons* (1969), que explorou os limites das redes neurais artificiais, destacando algumas das limitações das redes *perceptron* na época. Esse livro teve um impacto duradouro na pesquisa em redes neurais, influenciando a direção futura do campo.

Tanto Marvin Minsky quanto Seymour Papert foram figuras altamente respeitadas e influentes na Inteligência Artificial e em áreas relacionadas. Seus trabalhos continuam a inspirar pesquisadores e profissionais que buscam compreender e desenvolver tecnologias inteligentes.

Expert Systems: o desenvolvimento de sistemas especialistas, que usavam regras lógicas para tomar decisões baseadas em conhecimento específico, foi um foco importante nesse período.

O desenvolvimento dos sistemas especialistas, também conhecidos como "Expert Systems", foi o resultado de contribuições de vários pesquisadores ao longo do tempo, e não pode ser atribuído a uma única pessoa. Os sistemas especialistas são programas de computador projetados para imitar o raciocínio humano em um domínio específico, usando regras e conhecimento para tomar decisões.

No entanto, podemos destacar que o conceito de sistemas especialistas começou a ganhar forma nas décadas de 1960 e 1970, com influências de pesquisadores como:

Edward Feigenbaum: é frequentemente citado como um dos pioneiros dos sistemas especialistas. Ele foi fundamental na promoção e desenvolvimento da ideia de sistemas que poderiam emular o conhecimento e o raciocínio de especialistas humanos.

Joshua Lederberg: recebe crédito por criar o termo "sistema especialista" para descrever uma abordagem de *software* capaz de emular a tomada de decisões de especialistas humanos em áreas específicas.

Allen Newell e Herbert Simon: embora não tenham criado sistemas especialistas propriamente ditos, eles contribuíram para a abordagem de sistemas baseados em regras e conhecimento que serviu de base para os sistemas especialistas.

Especialistas em diversos campos: os primeiros sistemas especialistas foram aplicados em campos como medicina, engenharia e química, onde o conhecimento humano especializado era necessário. Portanto, muitos profissionais desses campos também foram fundamentais na criação e aplicação dos sistemas especialistas.

O desenvolvimento dos sistemas especialistas foi um esforço colaborativo que envolveu várias pessoas e disciplinas. Ao longo do tempo, à medida que a tecnologia e a capacidade computacional evoluíram, os sistemas especialistas se tornaram mais sofisticados e amplamente aplicados em uma variedade de indústrias.

Década de 1990 em diante

Aumento do poder computacional: com o avanço da tecnologia de *hardware*, técnicas mais complexas de IA, como redes neurais profundas, tornaram-se mais viáveis.

Aprendizado de máquina: o foco em algoritmos de aprendizado de máquina cresceu, com destaque para a regressão, árvores de decisão, algoritmos genéticos, SVMs, entre outros.

Deep learning: a partir de meados dos anos 2000, houve um ressurgimento no interesse pelas redes neurais profundas, graças a avanços em arquiteturas e algoritmos que levaram ao que hoje chamamos de *deep learning*.

Começamos e fechamos esse capítulo com **Alan Kay** que cunhou a expressão "computador pessoal".

Quem é Alan Kay

Alan Kay é um cientista da computação e visionário tecnológico amplamente reconhecido por seu trabalho pioneiro na interação humano-computador, computação móvel e programação orientada a objetos. Ele nasceu em 17 de maio de 1940 em Springfield, Massachusetts, Estados Unidos.

Uma das contribuições mais significativas de Alan Kay foi seu trabalho no Laboratório de Ciências da Computação da Xerox

PARC (Palo Alto Research Center) na década de 1970. Durante seu tempo na PARC, Kay e sua equipe desenvolveram o conceito de interface gráfica do usuário (GUI) e a metáfora do *desktop*, que influenciaram a criação de sistemas operacionais modernos como o Macintosh da Apple e o Microsoft Windows.

Especificamente, Alan Kay é famoso por cunhar a expressão "computador pessoal" e sua visão do Dynabook, que era um dispositivo portátil semelhante a um *tablet* com capacidades avançadas de computação. Embora o Dynabook nunca tenha se concretizado completamente durante seu tempo na PARC, ele estabeleceu as bases para o desenvolvimento de dispositivos móveis e *tablets* que vemos hoje.

Além disso, Kay promoveu a ideia da programação orientada a objetos (POO), que se concentra em organizar o código em entidades chamadas "objetos" que encapsulam dados e funções relacionadas. Essa abordagem teve um impacto significativo no desenvolvimento de *software*, facilitando a modularidade, a reutilização de código e a criação de sistemas mais flexíveis e fáceis de manter.

A influência de Alan Kay na tecnologia também se estende à educação. Ele defendeu a ideia de que as crianças deveriam ter acesso a computadores desde cedo, o que o levou a criar projetos como o programa educacional Squeak, um ambiente de programação orientado para crianças.

Alan Kay é uma figura influente na história da tecnologia devido às suas contribuições para o desenvolvimento da interface gráfica do usuário, programação orientada a objetos e sua visão inovadora sobre como as pessoas interagem com a tecnologia.

Programação, automação, algoritmo e IA... Qual a diferença?

Para enriquecer ainda mais este conteúdo, é importante entender as distinções entre programação, automação, algoritmo e Inteligência Artificial, pois esses termos frequentemente se entrelaçam:

Programação: imagine que você está escrevendo um roteiro detalhado para um cozinheiro de um restaurante. A programação é semelhante a essa tarefa, onde você cria um conjunto de instruções específicas (o "código") para dizer a um computador como executar uma tarefa específica. Por exemplo, criar um site ou um aplicativo de celular envolve programação, pois os programadores escrevem o código que controla todas as ações e funções do *software*.

Automação: pense em uma linha de produção de fábrica, onde robôs montam carros de maneira eficiente e precisa, sem intervenção humana constante. A automação é o uso de tecnologia para executar tarefas de forma automática, reduzindo a necessidade de envolvimento humano. Isso pode ser aplicado em diversos cenários, como a automação de processos de negócios por meio de software ou a automação de dispositivos domésticos inteligentes.

Algoritmo: imagine que você tem um conjunto específico de etapas a serem seguidas para solucionar um quebra-cabeça. Essas etapas constituem um algoritmo, que é uma sequência de instruções lógicas e definidas para resolver um problema ou executar uma tarefa. Os algoritmos são fundamentais na programação, pois eles orientam o comportamento dos programas, desde ordenar uma lista de nomes até realizar cálculos complexos.

Inteligência Artificial (IA): pense em um assistente virtual, como a Siri ou o Google Assistant, que pode entender suas perguntas em linguagem natural e fornecer respostas relevantes. A IA é uma área da tecnologia que busca criar sistemas ou programas de computador que possam simular a inteligência humana. Isso inclui a capacidade de aprender com dados, tomar decisões, reconhecer padrões e realizar tarefas de forma autônoma, como diagnósticos médicos precisos ou carros autônomos que dirigem com segurança.

Em resumo, a programação envolve escrever código para instruir um computador, a automação é a realização automatizada de tarefas, um algoritmo é uma sequência lógica de passos para resolver um problema, e a Inteligência Artificial é a capacidade de sistemas simularem a inteligência humana, tomando decisões e aprendendo com dados. Cada um desses conceitos desempenha um papel fundamental no mundo da tecnologia e tem aplicações diversas em nossa vida cotidiana.

No decorrer deste capítulo, entendemos as motivações que impulsionaram os pioneiros a perseguir o sonho de máquinas inteligentes. A IA não é apenas uma conquista tecnológica, mas também um testemunho da capacidade e da imaginação humana. À medida que navegamos pelos caminhos da história da IA, compreendemos que essa jornada está longe de ser concluída. A cada avanço, surgem novos horizontes a serem explorados, novos desafios a serem superados e novas possibilidades a serem descobertas.

Enquanto encerramos este capítulo, lembramo-nos de que a IA é uma busca em constante evolução, impulsionada pelo desejo humano de compreender a inteligência, automatizar tarefas e solucionar problemas complexos. Olhando para o futuro, podemos antecipar com empolgação as inovações que a IA ainda nos reserva e como ela continuará a moldar o nosso mundo e a forma como interagimos com ele. A história da IA é uma história de perseverança e progresso, e as páginas que virão prometem ser igualmente cativantes.

CAPÍTULO 3
Introdução à Inteligência Artificial

Nunca antes na história da humanidade tivemos acesso a uma quantidade tão vasta de dados e poder computacional. Esses dois fatores têm sido os catalisadores para a ascensão da Inteligência Artificial. A IA, que uma vez parecia um conceito distante de filmes de ficção científica, agora é uma realidade tangível que está moldando os negócios e a sociedade em uma escala sem precedentes.

A revolução digital desencadeou a coleta massiva de dados em todos os aspectos da vida e das operações empresariais. Cada clique, cada transação, cada interação nas redes sociais gera um rastro digital. Os dispositivos conectados, os sensores inteligentes e a infraestrutura da Internet das Coisas (IoT) ampliaram essa inundação de informações. No entanto, o mero acúmulo de dados não é suficiente; a verdadeira transformação ocorre quando esses dados são transformados em *insights* acionáveis.

Certamente, é isso que vamos explorar neste livro: como o acesso a essas informações pode aprimorar significativamente nossos produtos e serviços. No entanto, antes de mergulharmos mais fundo, vamos responder a uma pergunta fundamental:

O que é Inteligência Artificial?

A Inteligência Artificial é o campo da ciência da computação que busca criar máquinas com a capacidade de aprender, raciocinar e tomar decisões, imitando a inteligência humana. A IA se desdobra em uma variedade de técnicas e abordagens, mas o objetivo central permanece o mesmo: capacitar as máquinas a executar tarefas que exigiriam inteligência humana, como reconhecimento de padrões, processamento de linguagem natural, tomada de decisões e muito mais.

É importante distinguir entre a **IA estreita (ou fraca)** e a **IA geral (ou forte)**. A IA estreita se refere a sistemas altamente especializados projetados para realizar tarefas específicas, como diagnóstico médico, recomendações de produtos e direções de GPS. Por outro lado, a IA geral busca alcançar uma inteligência comparável à humana, sendo capaz de realizar uma ampla variedade de tarefas de forma autônoma. A IA geral, embora seja um objetivo ambicioso, permanece um desafio técnico e filosófico em aberto.

IA estreita (fraca)

A IA estreita, também conhecida como IA fraca, é um tipo de Inteligência Artificial projetada para realizar tarefas específicas de maneira competente, mas com limitações claras. Ela é especializada em executar uma única função ou um conjunto limitado de funções relacionadas. A IA estreita não possui capacidade de compreensão abrangente, aprendizado fora do escopo de sua tarefa ou consciência própria. Seu desempenho é muito bom dentro do contexto para o qual foi programada, mas ela não tem a capacidade de generalizar para outras áreas.

Exemplo de IA estreita:

Um exemplo de IA estreita é um assistente de voz, como a Siri da Apple ou o Google Assistant. Esses assistentes são especializados em entender comandos de voz e fornecer respostas relevantes. Eles podem agendar compromissos, tocar música, fornecer previsões meteorológicas, mas são limitados a essas tarefas específicas. Eles não têm uma compreensão real da linguagem, emoções ou contexto além do que foram programados para lidar.

IA geral (forte)

A IA geral, também chamada de IA forte ou superinteligência, é um nível de Inteligência Artificial hipotético que tem a capacidade de entender, aprender e realizar qualquer tarefa intelectual que um ser humano possa fazer. Esse tipo de IA teria uma compreensão profunda da linguagem, do contexto e da emoção humana, além da capacidade de aprender novas habilidades por conta própria, sem precisar de programação específica para cada tarefa.

Exemplo de IA geral:

Um exemplo hipotético de IA geral seria um robô ou programa de computador que poderia não apenas realizar tarefas como jogar xadrez ou dirigir um carro, mas também escrever poesia original, compor músicas inovadoras, entender e expressar emoções humanas, aprender novos campos do conhecimento e colaborar em pesquisa científica avançada. Essa IA teria uma compreensão profunda e multifacetada do mundo, assim como a capacidade de tomar decisões éticas e morais com base em um entendimento real das implicações.

A diferença entre a IA estreita e a IA geral está na amplitude de suas habilidades. A IA estreita é especializada em tarefas específicas e não pode se adaptar facilmente a outras áreas, enquanto a IA geral seria uma forma de Inteligência Artificial que se assemelharia à inteligência humana, sendo capaz de aprender, raciocinar e executar uma ampla gama de tarefas de maneira independente.

Resumindo, a IA é a capacidade das máquinas de imitar o pensamento humano e realizar tarefas de maneira autônoma. Para você entender melhor, precisa entender sobre o aprendizado de máquina e as redes neurais.

Aprendizado de máquina (*machine learning*)

Imagine que você está ensinando um cachorro a pegar uma bola. A primeira vez que o cachorro vê uma bola, ele pode não entender o que fazer. Então, você mostra a ele como pegar a bola.

Na próxima vez, o cachorro tentará pegar a bola por conta própria, talvez não acerte exatamente, mas você elogiará quando ele chegar perto. Com o tempo, o cachorro melhorará essa habilidade, até ser capaz de pegar a bola com facilidade.

Agora, pense em fazer algo parecido com um computador, mas usando dados e matemática em vez de um cachorro e uma bola. Isso é o que chamamos de aprendizado de máquina.

Exemplo:

Classificação de *e-mails*

Digamos que você queira ensinar um computador a separar *e-mails* em "*spam*" (mensagens indesejadas) e "não *spam*". Em vez de programar regras específicas para cada tipo de *e-mail*, você pode usar o aprendizado de máquina. Primeiro, você dá ao computador um monte de exemplos de e-mails já classificados como "*spam*" ou "não *spam*". O computador analisa esses exemplos e procura padrões, como palavras específicas que geralmente aparecem em *e-mails* de *spam*.

Depois de analisar muitos e-mails, o computador aprende a reconhecer certos padrões associados a *spam* e não *spam*. Agora, quando você dá um novo e-mail para o computador avaliar, ele aplica o que aprendeu com os exemplos anteriores e decide se é mais provável ser *spam* ou não.

Da mesma forma que o cachorro aprendeu a pegar a bola por tentativa e erro, o computador aprendeu a classificar os *e-mails* analisando muitos exemplos. Esse é o poder do aprendizado de máquina: em vez de programar todas as instruções passo a passo, ensinamos os computadores a aprender com dados e a tomar decisões por conta própria.

Em resumo, o aprendizado de máquina é como ensinar um computador a aprender com exemplos, identificar padrões e tomar decisões com base nesse aprendizado. É como treinar um cachorro, mas em vez de latidos e movimentos, os computadores usam números e regras matemáticas para entender o mundo ao seu redor.

Redes neurais artificiais

Imagine que você está tentando descobrir o que está em uma foto, se é um gato ou um cachorro. Seu cérebro processa informações para reconhecer padrões, como o formato das orelhas ou o tamanho dos olhos. As redes neurais artificiais tentam fazer algo parecido, mas usando matemática e computadores.

Exemplo:

Identificação de gatos

Vamos imaginar que queremos ensinar um computador a identificar fotos de gatos. Primeiro, criamos um modelo de rede neural artificial. Pense nisso como uma pilha de caixas, onde cada caixa é um "neurônio". Cada neurônio recebe uma parte da imagem, como um pedaço do pelo do gato, e decide se parece mais com um gato ou não.

Aqui está como o processo acontece

Entrada: o computador recebe a imagem do gato como entrada.

Camadas: as caixas (neurônios) estão organizadas em camadas. A primeira camada pode ser responsável por detectar contornos, a próxima por olhos, e assim por diante.

Aprendizado: o computador compara as respostas dos neurônios com o que sabemos sobre gatos. Se muitos neurônios nas camadas finais disserem "parece um gato", o computador dirá que é um gato.

Ajuste: se o computador errar, ele ajusta a força das conexões entre os neurônios. É como ajustar as engrenagens de um relógio até que ele mostre a hora certa.

Repetição: o processo é repetido muitas vezes, com muitas imagens de gatos, até que a rede neural aprenda a reconhecer gatos por conta própria.

À medida que mais e mais imagens são usadas para treinar a rede neural, ela se torna melhor em identificar padrões associados a gatos. Isso é útil não apenas para saber se há um gato em uma foto, mas também para muitas outras tarefas, como reconhecimento facial, tradução de idiomas e diagnóstico médico.

Em resumo, as redes neurais artificiais são como um modelo computacional inspirado no cérebro humano, onde "neurônios" processam informações em camadas para reconhecer padrões, como identificar gatos em fotos. Assim como seu cérebro aprende com exemplos, as redes neurais aprendem com dados para tomar decisões informadas.

Como funciona a criação de uma Inteligência Artificial: da concepção à entrega ao usuário final

Antes de focarmos em Inteligência Artificial para negócios, acho interessante explicar como funciona a criação até chegar ao usuário final.

A Inteligência Artificial é uma das tecnologias mais promissoras da atualidade. Ela tem o potencial de revolucionar diversos setores, desde a medicina até a indústria automobilística. Mas como é que se cria uma Inteligência Artificial? Quem são os profissionais envolvidos no processo? Quais os programas e filtros usados na criação de uma IA? E, por fim, como ela é entregue para o usuário final? Neste capítulo, vamos responder a essas e outras perguntas.

Profissionais envolvidos na criação de uma IA

A criação de uma IA envolve diversos profissionais, cada um com sua área de especialização. Os principais são:

Cientistas de dados: são responsáveis por coletar e analisar os dados necessários para a criação da IA. Eles também desenvolvem algoritmos de aprendizado de máquina, que permitem que a IA seja treinada a partir dos dados coletados.

Engenheiros de *software*: são responsáveis por desenvolver o *software* que permite que a IA funcione. Eles trabalham em conjunto com os cientistas de dados para garantir que o *software* seja capaz de processar os dados e executar os algoritmos de aprendizado de máquina.

Especialistas em UX: são responsáveis por garantir que a IA seja fácil de usar e que ofereça uma boa experiência ao usuário final. Eles trabalham em conjunto com os engenheiros de *software* para desenvolver uma *interface* intuitiva e amigável.

Programas e filtros usados na criação de uma IA

Existem diversos programas e filtros que podem ser usados na criação de uma IA. Alguns dos mais comuns são:

TensorFlow: é uma plataforma de código aberto desenvolvida pelo Google para a criação de modelos de aprendizado de máquina. Ela permite que os cientistas de dados criem e treinem modelos de IA de forma eficiente.

Keras: é uma biblioteca de código aberto para Python que permite que os cientistas de dados criem e treinem modelos de IA de forma rápida e fácil. Ela é muito popular entre os cientistas de dados devido à sua facilidade de uso.

PyTorch: é uma biblioteca de código aberto para Python que permite que os cientistas de dados criem e treinem modelos de IA de forma eficiente. Ela é especialmente útil para a criação de modelos de aprendizado profundo.

Filtros de privacidade: são usados para proteger os dados dos usuários durante o treinamento da IA. Eles garantem que as informações pessoais dos usuários não sejam usadas de forma inadequada ou compartilhadas com terceiros sem autorização.

Filtros de viés: são usados para garantir que a IA não reproduza preconceitos ou discriminações presentes nos dados utilizados no treinamento. Eles buscam minimizar a influência de fatores como raça, gênero e classe social nos resultados da IA.

Testes realizados na criação de uma IA

A criação de uma IA envolve diversos testes para garantir a qualidade do produto final. Alguns dos testes mais comuns são:

Teste de validação: é usado para garantir que a IA seja capaz de realizar tarefas específicas com precisão. Esse teste é realizado utilizando conjuntos de dados que não foram utilizados no treinamento da IA.

Teste de usabilidade: é usado para avaliar a facilidade de uso da IA e a experiência do usuário. Esse teste é realizado com usuários reais, que utilizam a IA para realizar tarefas específicas.

Teste de desempenho: é usado para avaliar o desempenho da IA em condições adversas. Por exemplo, pode ser utilizado para avaliar como a IA se comporta em situações de baixa luminosidade ou com ruído excessivo.

Teste de segurança: é usado para avaliar a segurança da IA em relação a possíveis ataques cibernéticos. Esse teste busca identificar possíveis vulnerabilidades na IA e garantir que ela seja protegida contra ataques maliciosos.

Entrega da IA para o usuário final

Após a criação e os testes, a IA pode ser entregue para o usuário final. Isso pode ser feito de diversas formas, dependendo do tipo de aplicação da IA. Algumas das formas mais comuns são:

Aplicativos móveis: a IA pode ser integrada a aplicativos móveis para oferecer recursos adicionais aos usuários, como assistentes virtuais e reconhecimento de voz.

Plataformas de *e-commerce*: a IA pode ser utilizada em plataformas de *e-commerce* para oferecer recomendações de produtos personalizadas aos usuários.

Sistemas de suporte ao cliente: a IA pode ser utilizada em sistemas de suporte ao cliente para oferecer respostas rápidas e eficientes aos usuários.

Sistemas de segurança: a IA pode ser utilizada em sistemas de segurança para identificar possíveis ameaças e proteger os usuários contra ataques cibernéticos.

Tweet do Elon Musk

Você já ouviu falar do monstro por trás da Inteligência Artificial? O Elon Musk publicou esta imagem abaixo em seu Twitter e fez muitas pessoas pensarem sobre o outro lado, o lado do desenvolvimento.

Inteligências artificiais baseadas no GPT-3 como o ChatGPT e o Bing Chat são treinadas em três fases:

Cada parte do monstro representa uma fase do treinamento da IA.

Fase 1: Aprendizagem não supervisionada

A primeira fase na criação de uma Inteligência Artificial é conhecida como aprendizagem não supervisionada. Nessa fase, a IA lê livros e outros conteúdos da Internet sozinha, aprendendo por conta própria todo o conhecimento disponível. É como se permitisse que uma criatura andasse e consumisse o conteúdo de uma biblioteca, livre para ler o que desejar.

No entanto, essa fase é considerada um monstro por não ter moralidade alguma. A IA pode responder qualquer coisa sem filtros, inclusive o passo a passo de como cometer um crime, uma vez que foi treinada pela Internet e pode encontrar sites violentos, racistas e outras bizarrices. Podemos comparar essa fase com uma criança que aprende as coisas e fala sem nenhum filtro, assim como dizer que tal pessoa é feia.

Fase 2: Ajustes finos supervisionados

Na segunda fase, começam os filtros de respostas. Nessa fase, a IA é representada pela cabeça de um humano na imagem. A IA aprende com milhares de exemplos de *inputs* e *outputs*, ela não interage com as perguntas e respostas, apenas analisa e armazena as possíveis perguntas e respostas esperadas por um ser humano. Por exemplo, se lhe perguntarem isso, você deve responder isso.

Essa fase pode ser comparada à adolescência, na qual você diz para o seu filho que na casa das visitas não pode falar sobre algum assunto e não pode tocar em nada. Os filtros são importantes para garantir que a IA forneça respostas apropriadas e evite comportamentos inesperados.

Fase 3: *Reinforcement learning from human feedback* **(RLHF)**

Na terceira e última fase, os humanos ficam conversando com a IA e dando *feedback* em suas respostas, melhorando a taxa de respostas corretas e atrativas ao usuário, evitando que casos estranhos ocorram quando a IA for liberada para uso aberto do público. Os humanos devem seguir um manual oficial para que as avaliações sigam padrões.

A sigla RLHF vem de *reinforcement learning from human feedback* ou aprendizagem por reforço com *feedback* humano. Essa fase pode ser comparada à fase adulta, na qual aprendemos a falar o necessário para não magoar ou para não contar nossos planos para qualquer pessoa, pois não sabemos como ela irá usar isso no final.

É importante destacar que um problema na execução da fase dois e três pode causar comportamentos não esperados e nada atrativos aos usuários, explicando assim o motivo do ocorrido com o Bing Chat, no caso citado anteriormente.

Aviso: O conteúdo descrito do monstro foi inspirado em um vídeo do TikTok de @igorcoutoia.

Fontes: https://stratechery.com/2023/from-bing-to-sydney-search-as-distraction-sentient-ai/ https://www.tabnews.com.br/jjrdev/o-monstro-por-tras-da-mascara-da-ia

A criação de uma Inteligência Artificial envolve diversos profissionais e etapas, desde a coleta de dados até a entrega da IA para o usuário final. Para garantir a qualidade do produto final, é necessário realizar diversos testes, como testes de validação, usabilidade, desempenho e segurança. Além disso, é importante garantir a proteção dos dados dos usuários e minimizar a influência de preconceitos e discriminações nos resultados da IA. A IA tem o potencial de revolucionar diversos setores e oferecer soluções inovadoras para problemas complexos, e sua criação é um processo fundamental para tornar essa tecnologia uma realidade.

Importante! Não coloque informações pessoais na IA, pois ela irá guardar e aprender sobre você e outras pessoas vão poder acessar!

No fechamento deste capítulo, podemos resumir a Inteligência Artificial (IA) como uma área da tecnologia que visa capacitar sistemas e programas de computador a imitar e executar tarefas que normalmente requerem a inteligência humana. Isso inclui a capacidade de aprender com dados, reconhecer padrões, tomar decisões, solucionar problemas complexos e interagir com seres humanos de maneira inteligente.

A IA é uma disciplina em constante evolução, impulsionada por avanços na pesquisa e no desenvolvimento de algoritmos e modelos. Ela tem aplicações amplas em diversas áreas, desde assistentes virtuais e carros autônomos até diagnósticos médicos e análise de dados.

À medida que continuamos nossa jornada na exploração da Inteligência Artificial, é crucial entender como essa tecnologia está moldando nosso mundo e como podemos aproveitar seu potencial para melhorar nossas vidas e impulsionar a inovação em diversas indústrias.

CAPÍTULO 4
A aplicação da IA nos negócios

A adoção da IA nas empresas não é mais uma opção, é uma necessidade. A tecnologia está se infiltrando em todos os aspectos da jornada empresarial, desde a pesquisa e desenvolvimento até o atendimento ao cliente. A IA não apenas automatiza tarefas, mas também aumenta a capacidade de análise, proporcionando *insights* valiosos para a tomada de decisões estratégicas. Ela está mudando a maneira como as empresas competem, interagem com os clientes e se adaptam às mudanças do mercado.

Como a Inteligência Artificial pode ajudar tanto pequenos quanto grandes negócios de uma forma contínua

Imagine que a Inteligência Artificial (IA) é como um assistente superinteligente para empresas, não importa o tamanho. Ele ajuda a tornar as coisas mais fáceis, eficientes e lucrativas.

Para pequenos negócios

Vamos supor que você tenha uma loja pequena. A IA pode ser como um atendente virtual que responde a perguntas dos clientes, mesmo quando você não está por perto. Isso deixa os clientes felizes, porque eles sempre têm alguém para ajudá-los.

Além disso, você tem um monte de informações sobre seus produtos e clientes, certo? A IA pode analisar esses dados e mostrar coisas interessantes que você nem sabia. Por exemplo, pode dizer quais produtos estão vendendo mais em certas épocas do ano. Isso ajuda você a decidir quais produtos comprar mais e quando.

E quando você quiser mostrar anúncios para as pessoas, a IA pode ajudar a escolher as pessoas certas. Ela sabe o que as pessoas gostam com base no que fazem online. Assim, você não gasta dinheiro em anúncios que ninguém vê.

Para grandes negócios

Agora, pense em uma grande empresa. Ela tem muitos funcionários e muitas vendas. A IA pode ser como um supergerente. Ela consegue analisar uma tonelada de informações em segundos e dizer coisas como "Vamos vender mais do produto A porque está fazendo sucesso".

E quando você liga para o serviço de atendimento ao cliente? Às vezes, você fala com um robô que entende suas perguntas. Isso é a IA! Ela aprendeu com milhões de perguntas e respostas a melhor forma de ajudar você.

A IA também pode prever coisas. Digamos que você tenha uma loja online e quer saber quais produtos serão populares no próximo mês. A IA olha para os dados antigos e diz: "Provavelmente, as pessoas vão querer mais desses produtos". Isso evita que você fique com muitos produtos não vendidos.

Então, seja uma pequena loja ou uma grande empresa, a IA é como um amigo inteligente que ajuda a tomar decisões melhores e mais rápidas. Ela ajuda a entender os clientes, a tomar decisões sobre produtos e a fazer negócios de forma mais esperta. É como ter um assistente pessoal para o seu negócio!

Vamos agora entender a aplicação da Inteligência Artificial em cada setor no mundo dos negócios.

Atendimento ao cliente

Imagine que você possui uma pequena loja online que vende roupas e acessórios. Às vezes, seus clientes têm perguntas sobre tamanhos, cores ou prazos de entrega. Responder a todas essas perguntas pessoalmente pode ser difícil, especialmente se você estiver ocupado com outras tarefas do seu negócio. Aqui é onde a Inteligência Artificial entra para ajudar.

Você já deve ter notado que quando você entra em um site, às vezes aparece uma janelinha no canto da tela que diz "Posso ajudar em algo?". Isso é um *chatbot*, uma ferramenta de IA que foi ensinada a responder a perguntas frequentes dos clientes. Ele funciona como um assistente virtual que está disponível 24 horas por dia.

Imagine que um cliente entra no seu site e quer saber se você tem um vestido azul tamanho M. O *chatbot* pode responder automaticamente, dizendo algo como: "Claro, temos o vestido azul no tamanho M em estoque. Você pode encontrá-lo na seção de vestidos". Isso economiza tempo tanto para você quanto para o cliente.

Existem várias ferramentas de *chatbot* disponíveis, algumas são pagas e outras gratuitas. Exemplos de ferramentas populares são o **Chatfuel** e o **ManyChat**, que oferecem versões gratuitas com recursos básicos e versões pagas com funcionalidades mais avançadas. Essas ferramentas permitem que você configure seu *chatbot* sem precisar saber programação.

O ManyChat particularmente eu uso e recomendo para você que quer começar a entender de automação de atendimento.

7 funcionalidades do ManyChat para maximizar o engajamento e eficiência

Mensagem de boas-vindas

A função de mensagem de boas-vindas permite enviar uma saudação amigável quando alguém faz contato pelo Messenger pela primeira vez. Além de dar uma ideia do tempo de resposta, você pode até compartilhar conteúdo valioso, como um *ebook* ou um *link* relevante.

Chat ao vivo

Com o *live chat*, é possível conversar diretamente com os *leads* pelo ManyChat, sem a necessidade de acessar o Facebook. Isso simplifica a interação e agiliza o atendimento.

Ferramentas de crescimento

As ferramentas de crescimento são mecanismos que permitem capturar mais *leads* através de diversos canais, incluindo *sites*, *posts* e *landing pages*. Você pode escolher quatro dessas ferramentas gratuitamente, e também há opções avançadas pagas.

Envios em massa (*broadcasts*)

A funcionalidade de envios em massa possibilita enviar mensagens para sua audiência, seja para anunciar novo conteúdo ou apresentar uma oferta. O envio pelo Facebook Messenger oferece altas taxas de abertura e cliques, aumentando o alcance.

Publicações automáticas (*autoposting*)

O *autoposting* conecta canais ao ManyChat e informa sua audiência sempre que você publica algo. Isso é uma excelente maneira de direcionar tráfego para suas publicações recentes.

Palavras-chave (*keywords*)

As palavras-chave são atalhos que você cria no ManyChat para executar ações específicas. Por exemplo, se alguém digitar "*start*" ou "*subscribe*", eles se inscrevem no *chatbot*. Digitar "*stop*" ou "*unsubscribe*" os remove.

Sequências de mensagens

A funcionalidade de sequências permite criar modelos de mensagens que são enviadas após ações específicas. Você pode usar isso para criar sequências de mensagens automatizadas para novos assinantes, simplificando o processo de boas-vindas.

Portanto, a IA no atendimento ao cliente ajuda você a oferecer respostas rápidas e precisas aos clientes, melhorando a experiência deles e liberando seu tempo para se concentrar em outras áreas do seu negócio.

Análise de dados

Pense na sua empresa como um grande quebra-cabeça. Cada venda, cada cliente, cada clique em seu site é uma peça desse quebra-cabeça. Mas, com todos esses dados, como você encontra os padrões escondidos que podem ajudar a sua empresa a crescer? A resposta é a Inteligência Artificial (IA) na análise de dados.

A IA é como um detetive brilhante que pode examinar todos os números e descobrir pistas valiosas. Imagine que você é dono de uma loja de roupas e você quer descobrir qual é o produto mais vendido em cada estação. A IA pode analisar os registros de vendas e apontar que, durante o inverno, as jaquetas são as mais populares, enquanto no verão, os vestidos são os favoritos.

Além disso, a IA pode mostrar quem são os clientes mais fiéis. Por exemplo, você pode descobrir que jovens entre 18 e 25 anos são os que mais compram e gastam em sua loja. Isso permite que você direcione suas estratégias de marketing especificamente para esse grupo, oferecendo produtos que eles amam.

Existem ferramentas de análise de dados que fazem isso acontecer. O **Google Analytics** é um exemplo dessa ferramenta amplamente usada e gratuita. Ela ajuda a entender quem visita seu site, de onde eles vêm e o que fazem lá. Já o **Tableau** e o **Semrush** são ferramentas mais avançadas, mas pagas, que permitem criar gráficos e visualizações incríveis para entender os números de sua empresa.

Se você já tem site, pare agora essa leitura e configure o seu Analytics, segue o passo a passo:

Passo 1: Acesse o Google Analytics

Abra o seu navegador da web e vá para o site do Google Analytics: https://analytics.google.com/

Passo 2: Faça login na sua conta do Google ou crie uma nova conta

Se você já tiver uma conta do Google, clique em "Fazer login". Caso contrário, clique em "Criar conta" e siga as instruções para criar uma nova conta do Google.

Passo 3: Configure uma nova propriedade

Após fazer login, você será direcionado para o painel do Google Analytics. Clique no botão "+ Criar propriedade" para configurar um novo projeto de análise.

Passo 4: Escolha entre um site ou um aplicativo

O Google Analytics oferece duas opções: "Web" (para sites) e "Apps" (para aplicativos móveis). Escolha a opção apropriada para o que você deseja monitorar e clique em "Continuar".

Passo 5: Configure detalhes da propriedade

Preencha os detalhes necessários para a sua propriedade. Isso inclui o nome do site ou aplicativo, a URL e o fuso horário. Certifique-se de inserir as informações corretas e clique em "Criar".

Passo 6: Aceite os termos e condições

Leia os termos de serviço do Google Analytics e, se concordar com eles, clique em "Aceitar".

Passo 7: Obtenha o código de acompanhamento

Após criar a propriedade, você receberá um código de acompanhamento exclusivo. Esse código é o que você precisará adicionar ao seu site ou aplicativo para começar a coletar dados. Copie esse código ou anote-o em um local seguro.

Passo 8: Adicione o código de acompanhamento ao seu site ou aplicativo

Se você estiver configurando para um site, você precisará adicionar o código de acompanhamento ao código-fonte do seu site. Se você estiver configurando para um aplicativo, siga as instruções do Google Analytics para integrar o código de acompanhamento no seu aplicativo.

Passo 9: Verifique se os dados estão sendo coletados

Depois de adicionar o código de acompanhamento, aguarde algumas horas para que os dados comecem a ser coletados. Você pode voltar ao painel do Google Analytics para verificar se os dados estão sendo registrados corretamente.

Saber os números do seu site é fundamental para entender como ele está funcionando e para orientar suas decisões de negócios. Isso proporciona uma visão clara do comportamento dos visitantes, do desempenho do conteúdo e das estratégias de marketing.

A IA na análise de dados é como um assistente de investigação que encontra os padrões ocultos nos dados da sua empresa. Ele ajuda você a tomar decisões mais inteligentes, identificar tendências e conhecer melhor seus clientes. E com a ferramenta do Google Analytics, você pode começar a explorar esses *insights* valiosos.

Exemplos práticos de como um empreendedor pequeno pode tomar decisões com base no número de pessoas que visitam a sua loja:

Horários de funcionamento e pessoal

Se o empreendedor perceber que a maioria das visitas ocorre nos fins de semana ou durante horários específicos, pode considerar a possibilidade de estender o horário de funcionamento durante esses períodos movimentados. Também pode ser necessário ajustar a equipe para garantir um atendimento adequado nos momentos de pico.

Promoções e ofertas especiais

Se o empreendedor observar que houve um aumento significativo nas visitas após o lançamento de uma promoção específica, ele pode decidir replicar esse tipo de oferta no futuro. Isso ajuda a impulsionar as vendas e atrair mais clientes durante períodos de menor movimento.

Diversificação de produtos

Se o número de visitantes for maior em uma seção específica da loja, o empreendedor pode considerar a possibilidade de expandir a oferta de produtos nessa área. Por exemplo, se a seção de roupas femininas atrai mais visitantes, o empreendedor pode escolher aumentar a variedade de produtos nessa categoria.

Estratégias de marketing direcionado

Se o empreendedor perceber que a maioria dos visitantes é composta por um determinado grupo demográfico (por exemplo, jovens adultos), ele pode direcionar suas estratégias de marketing e campanhas publicitárias para atingir esse público específico.

Melhorias na experiência do cliente

Se os números de visitação forem altos, mas as taxas de conversão (compras) forem baixas, o empreendedor pode considerar que a experiência do cliente dentro da loja precisa ser melhorada. Ele pode focar em elementos como *layout*, disposição dos produtos, atendimento ao cliente e tempo de espera para otimizar a jornada do cliente.

Estoque e gerenciamento de produtos

Ao analisar quais produtos atraem mais visitantes, o empreendedor pode ajustar seu estoque para garantir que os produtos populares estejam sempre disponíveis. Isso evita que os clientes fiquem insatisfeitos por não encontrarem o que procuram.

Esse é só um exemplo das possibilidades que você terá conforme for entendendo os padrões do seu consumidor.

Marketing e publicidade

Imagine que você é dono de uma loja de artigos esportivos e deseja anunciar uma nova linha de tênis de corrida. No passado, você talvez lançasse anúncios em revistas esportivas e esperasse que as pessoas interessadas vissem. Mas hoje, com a ajuda da Inteligência Artificial (IA) e da segmentação de público-alvo, você pode fazer isso de maneira muito mais direcionada e eficaz.

A IA é como um assistente de marketing superinteligente que analisa os dados de milhões de pessoas online. Ela descobre padrões e grupos de interesses comuns. Por exemplo, a IA pode perceber que pessoas que gostam de maratonas também costumam ter interesse em roupas esportivas de alta qualidade.

Agora, usando essa informação, você pode criar anúncios específicos para esse grupo. E aqui é onde a segmentação entra. Imagine que você está usando uma plataforma de anúncios em redes sociais, como o Facebook. Você pode definir critérios muito específicos, como idade, localização, interesses esportivos e até mesmo comportamento online.

Quando você configura seu anúncio, a IA garante que ele seja exibido apenas para as pessoas que se encaixam nesses critérios. Assim, você está atingindo diretamente o público que tem maior probabilidade de se interessar pelos seus tênis de corrida.

Ferramentas como o Facebook Ads Manager e o Google Ads oferecem esses recursos de segmentação. Eles geralmente funcionam em um modelo de pagamento por clique (PPC), onde você paga somente quando alguém clica no seu anúncio. Essas plataformas permitem que você escolha seu orçamento e meça o retorno sobre o investimento (ROI) para garantir que seus anúncios estejam alcançando o público certo e trazendo resultados positivos.

Diferença entre Facebook Ads e Google Ads

O Facebook Ads e o Google Ads são duas das plataformas de publicidade digital mais populares, mas têm abordagens diferentes em termos de público-alvo, formatos de anúncios e objetivos. Aqui está a diferença entre eles:

Facebook Ads

O Facebook Ads é a plataforma de publicidade do Facebook, que também inclui o Instagram e o Audience Network. A principal característica do Facebook Ads é a capacidade de segmentar anúncios com base em dados demográficos, interesses, comportamento online e conexões sociais. Isso permite direcionar anúncios para um público muito específico.

Principais características do Facebook Ads

Segmentação detalhada: o Facebook permite segmentar anúncios com base em uma ampla gama de critérios, incluindo idade, gênero, localização, interesses, comportamento de compra e muito mais.

Formatos visuais: o Facebook é conhecido por seus formatos de anúncios visualmente atraentes, como imagens, vídeos e carrosséis.

Interação social: os anúncios do Facebook permitem que os usuários curtam, comentem e compartilhem, aumentando o potencial de envolvimento e interação.

Conexões sociais: você pode direcionar anúncios para pessoas que têm algum tipo de conexão com sua página, como amigos de seguidores.

Google Ads

O Google Ads (anteriormente conhecido como Google AdWords) é a plataforma de publicidade do Google, que inclui anúncios exibidos nos resultados de pesquisa do Google, na rede de *display* (sites parceiros do Google) e em vídeos do YouTube. A principal característica do Google Ads é a exibição de anúncios quando os usuários estão ativamente procurando por produtos ou serviços.

Principais características do Google Ads

Intenção de pesquisa: o Google Ads atinge usuários quando eles estão buscando ativamente algo no Google, o que geralmente indica uma intenção de compra ou obtenção de informações.

Palavras-chave: os anúncios do Google Ads são ativados por palavras-chave específicas, escolhidas pelo anunciante, para corresponder às consultas de pesquisa dos usuários.

Diversidade de formatos: os anúncios do Google Ads incluem anúncios de texto, anúncios de *display (banners)* em sites parceiros e anúncios de vídeo no YouTube.

Lance de palavras-chave: os anunciantes competem em um leilão de palavras-chave para exibir seus anúncios, e o lance e a relevância da palavra-chave afetam a posição do anúncio.

A diferença fundamental entre o Facebook Ads e o Google Ads está na abordagem. O Facebook Ads foca em atingir públicos específicos com base em interesses e demografia, enquanto o Google Ads se concentra em exibir anúncios para usuários com base em suas intenções de pesquisa. A escolha entre eles dependerá dos objetivos de marketing e do tipo de público que você deseja alcançar.

Portanto, a IA e a segmentação de público-alvo no marketing e publicidade ajudam você a direcionar seus esforços de maneira precisa e a obter mais valor do seu investimento em anúncios, alcançando as pessoas que são mais propensas a se tornarem seus clientes.

Dado o meu envolvimento na área de marketing e publicidade, planejo explorar de forma mais abrangente, no próximo capítulo, o papel da Inteligência Artificial nesse campo.

Análise preditiva

Imagine que você é o gerente de uma loja de eletrônicos e quer fazer previsões sobre a demanda dos produtos nos próximos meses. A análise preditiva é como uma bola de cristal virtual que ajuda você a fazer essas previsões com base em dados históricos e modelos de Inteligência Artificial (IA).

A ideia aqui é que a análise preditiva aproveita informações passadas para identificar padrões e tendências. Por exemplo, se você olhar para as vendas de *laptops* nos últimos anos, poderá notar que durante a temporada de volta às aulas, as vendas aumentam. Se você combinar isso com dados sobre tendências econômicas e mudanças no mercado, a análise preditiva pode ajudar a prever quanto estoque você precisa encomendar para atender à demanda.

Ferramentas de análise preditiva, como o IBM SPSS Modeler ou o RapidMiner, permitem que você crie modelos matemáticos complexos que analisam várias variáveis para prever resultados futuros. Eles não apenas observam os dados históricos, mas também consideram fatores externos que podem influenciar as tendências.

Imagine que você está lançando um novo produto e quer estimar quantas unidades serão vendidas no próximo trimestre. Você pode alimentar os dados de vendas passadas, preços, promoções e até mesmo eventos importantes que podem afetar as vendas. Com base nesses dados, a ferramenta de análise preditiva pode gerar uma previsão com uma margem de erro específica.

Essas ferramentas podem ser tanto pagas quanto gratuitas, dependendo da complexidade e do nível de suporte necessário. O IBM SPSS Modeler, por exemplo, é pago, enquanto o RapidMiner tem uma versão gratuita com recursos limitados e opções pagas mais avançadas.

Como funciona o RapidMiner

O RapidMiner é uma plataforma de análise de dados e mineração de dados que ajuda as empresas a extrair informações valiosas de conjuntos de dados complexos. Ele oferece uma abordagem visual para criar fluxos de trabalho de análise de dados, permitindo que usuários sem conhecimento profundo em programação possam realizar tarefas avançadas de análise.

Aqui estão os passos básicos de como o RapidMiner funciona:

Importação de dados: você pode importar seus dados de várias fontes, como bancos de dados, planilhas, arquivos CSV, entre outros. O RapidMiner suporta uma ampla variedade de formatos de dados.

Pré-processamento: antes da análise, é comum que os dados precisem ser limpos e preparados. O RapidMiner oferece ferramentas para filtrar, transformar e limpar os dados, garantindo que eles estejam prontos para a análise.

Criação de fluxos de trabalho: o RapidMiner permite criar fluxos de trabalho usando uma interface visual de arrastar e soltar. Você pode escolher entre uma variedade de operadores e conectá-los para construir seu fluxo de trabalho de análise.

Análise e modelagem: dentro do fluxo de trabalho, você pode realizar análises estatísticas, criar modelos de aprendizado de máquina e aplicar algoritmos de mineração de dados para descobrir padrões, tendências e *insights* nos seus dados.

Avaliação e validação: após construir seus modelos, é importante avaliar sua eficácia. O RapidMiner oferece ferramentas para validar e testar os modelos usando dados de teste ou validação cruzada.

Visualização de resultados: uma vez que seus modelos produzirem resultados, você pode usar as ferramentas de visualização do RapidMiner para criar gráficos e relatórios que comunicam os *insights* obtidos de maneira eficaz.

Implementação: os modelos e fluxos de trabalho criados no RapidMiner podem ser implantados em ambientes de produção para automatizar processos de tomada de decisão ou análises contínuas.

Iteração e melhoria: a análise de dados é muitas vezes um processo iterativo. Você pode refinar seus modelos e fluxos de trabalho com base nos resultados e *feedbacks* recebidos, melhorando continuamente suas análises.

Lembre-se de que o RapidMiner é uma ferramenta poderosa com muitos recursos, por isso pode haver mais detalhes e recursos avançados que não foram abordados aqui. Se você estiver interessado em usar o RapidMiner, é recomendável explorar a documentação oficial e tutoriais para obter uma compreensão completa de suas capacidades.

Em resumo, a análise preditiva é como um assistente que ajuda a prever o futuro com base em dados históricos e modelos de IA. Isso é especialmente útil para tomar decisões de negócios informadas, como gerenciar estoque, planejar marketing ou tomar decisões financeiras, com base nas tendências previstas.

Gestão de recursos humanos

Imagine que você é um gerente de recursos humanos responsável por contratar novos membros para sua equipe. A gestão de recursos humanos com Inteligência Artificial (IA) é como ter um assistente especializado que ajuda a triar currículos e encontrar os candidatos mais adequados para a vaga.

Aqui está como funciona: quando você recebe dezenas ou até centenas de currículos para uma posição, a tarefa de analisar e selecionar os candidatos certos pode ser demorada e complexa. A IA entra em ação usando algoritmos de correspondência. Ela compara os detalhes nos currículos, como habilidades, experiência e qualificações, com os requisitos específicos da vaga.

Por exemplo, se você está contratando um desenvolvedor de software com experiência em linguagem Java, a IA pode examinar automaticamente os currículos em busca de palavras-chave relacionadas a Java, linguagens de programação e desenvolvimento de software. Ela seleciona e classifica os candidatos de acordo com a relevância dos critérios atendidos.

Ferramentas como o Workable, HireVue e Greenhouse são exemplos de plataformas de recrutamento que incorporam IA para auxiliar na triagem e seleção de candidatos. Elas permitem criar critérios personalizados para a vaga e automatizam grande parte do processo de triagem inicial.

Enquanto algumas dessas ferramentas oferecem versões gratuitas limitadas, muitas funcionalidades avançadas e personalização requerem assinaturas pagas.

Qual a diferença entre as plataformas

Cada uma delas tem suas próprias características e focos específicos. Vou detalhar as diferenças entre essas plataformas:

Workable

O Workable é uma plataforma de recrutamento que oferece recursos para todas as etapas do processo de contratação, desde a publicação de vagas até a triagem de candidatos e colaboração em equipe. Ele é conhecido por sua *interface* intuitiva e fácil de usar, tornando-o uma escolha popular para pequenas e médias empresas. Além disso, o Workable integra-se com várias ferramentas de terceiros, como LinkedIn e Indeed.

Principais características:
- Publicação e promoção de vagas em diversos canais.
- Triagem automática de candidatos com base em critérios personalizados.
- Comunicação centralizada com os candidatos.
- Colaboração em equipe para avaliar candidatos.
- Integrações com ferramentas de RH e calendários.

HireVue

O HireVue é mais conhecido por sua abordagem de entrevistas em vídeo e por utilizar análise de linguagem e visão computacional para avaliar candidatos. Ele permite que os candidatos gravem respostas a perguntas predefinidas em vídeo, e a plataforma analisa não apenas o que é dito, mas também a linguagem corporal e as expressões faciais. Isso ajuda a identificar características comportamentais dos candidatos.

Principais características:
- Entrevistas em vídeo com análise de linguagem e expressões faciais.
- Avaliação de competências comportamentais.
- Plataforma de colaboração para revisão de entrevistas.
- Recursos de IA para identificar traços de personalidade e habilidades.
- Integração com outras ferramentas de recrutamento.

Greenhouse

O Greenhouse é uma plataforma abrangente de recrutamento que se concentra em proporcionar uma experiência personalizada tanto para os candidatos quanto para os recrutadores. Ele oferece ferramentas para atrair, engajar, avaliar e contratar candidatos.

O Greenhouse também enfatiza a análise de dados para melhorar continuamente o processo de recrutamento.

Principais características:
- Gestão de todo o ciclo de contratação, desde a atração até a contratação.
- Entrevistas estruturadas e avaliações colaborativas.
- Análise de dados para otimizar o processo de contratação.
- Integrações com ferramentas de terceiros, como LinkedIn e Google Workspace.
- Personalização da experiência do candidato.

Em resumo, enquanto todas as três plataformas têm a missão de melhorar o processo de recrutamento com tecnologias como IA, elas têm abordagens diferentes em termos de recursos, focos e integrações. A escolha entre elas dependerá das necessidades específicas da empresa, do tamanho da equipe de recrutamento e das características únicas do processo de contratação.

A gestão de recursos humanos com IA ajuda a acelerar o processo de seleção, garantindo que os candidatos que mais se alinham às qualificações da vaga sejam identificados. Isso economiza tempo e recursos, permitindo que os gerentes de RH concentrem-se em interações mais estratégicas e personalizadas com os candidatos mais promissores.

Gestão da cadeia de suprimentos

Imagine que você é responsável pela gestão da cadeia de suprimentos de uma empresa que produz e distribui produtos para diferentes locais. A gestão da cadeia de suprimentos com Inteligência Artificial (IA) é como ter um assistente avançado que otimiza o fluxo de produtos, desde a produção até a entrega final, tornando o processo mais eficiente e preciso.

O monitoramento em tempo real é um dos principais componentes da gestão da cadeia de suprimentos com IA. Imagine que você tem um grande estoque de produtos em vários locais. Através do uso de sensores e dispositivos de rastreamento, a IA pode monitorar constantemente a quantidade de produtos em estoque e acompanhar as movimentações à medida que eles são enviados para diferentes destinos.

Exemplificando ainda mais, considere que você está usando uma ferramenta como o SAP Integrated Business Planning. Essa plataforma permite que você monitore em tempo real os níveis de estoque, preveja demandas futuras com base em dados históricos e use algoritmos de IA para otimizar o planejamento de produção e distribuição. Se a IA detectar que há um aumento na demanda por determinado produto, ela pode sugerir aumentar a produção ou redistribuir os produtos de estoque para evitar falta de itens em locais críticos.

Além disso, a IA pode ser usada para otimizar rotas de entrega. Suponha que você utilize uma ferramenta como o Descartes Route Planning para gerenciar as entregas. Essa ferramenta considera variáveis como tráfego, condições climáticas e locais de entrega para criar rotas eficientes e evitar atrasos. A IA também pode prever possíveis atrasos com base em informações em tempo real e ajustar as rotas para garantir que os produtos sejam entregues no prazo.

Embora existam soluções gratuitas que ofereçam recursos básicos, como planilhas e softwares de código aberto, muitas ferramentas avançadas para a gestão da cadeia de suprimentos com IA são pagas. Elas oferecem uma ampla gama de recursos, integrações e suporte para garantir uma gestão otimizada.

Quais são as funções do SAP Integrated Business Planning

O SAP Integrated Business Planning (IBP) é uma plataforma de planejamento e gestão que oferece uma variedade de funções para ajudar as empresas a otimizarem seus processos de planejamento, desde a demanda até a produção e distribuição. Aqui estão algumas das principais funções oferecidas pelo SAP IBP:

Previsão de demanda

O IBP permite que as empresas prevejam a demanda futura com base em dados históricos, tendências de mercado, eventos sazonais e outros fatores relevantes. Isso ajuda a ajustar a produção e os níveis de estoque de acordo com as necessidades previstas.

Planejamento de suprimentos

O módulo de planejamento de suprimentos ajuda as empresas a gerenciar os recursos necessários para atender à demanda prevista. Isso envolve o planejamento de compras, produção e distribuição para garantir que os materiais certos estejam disponíveis no momento certo.

Planejamento de produção

Com o SAP IBP, as empresas podem otimizar os processos de produção, definindo cronogramas de produção eficientes com base na demanda prevista, capacidade da fábrica e disponibilidade de recursos.

Planejamento de inventário

O módulo de planejamento de inventário ajuda a equilibrar os níveis de estoque para evitar excesso ou falta de produtos. Ele considera a demanda prevista, os prazos de entrega e a variabilidade na demanda e no suprimento.

Colaboração entre equipes

O SAP IBP facilita a colaboração entre diferentes equipes dentro da organização, permitindo que elas compartilhem informações, alinhem planos e tomem decisões conjuntas em um ambiente integrado.

Análise e relatórios

A plataforma oferece recursos avançados de análise e geração de relatórios para avaliar o desempenho do planejamento, identificar tendências e *insights*, e tomar decisões mais informadas.

Integração com tecnologias avançadas

O SAP IBP é capaz de integrar tecnologias como Inteligência Artificial e aprendizado de máquina para melhorar a precisão das previsões, otimizar planos de produção e melhorar a eficiência geral dos processos de planejamento.

Visibilidade em tempo real

A plataforma oferece visibilidade, em tempo real, em toda a cadeia de suprimentos, permitindo que os gestores monitorem o progresso, identifiquem gargalos e façam ajustes conforme necessário.

O SAP Integrated Business Planning é uma solução avançada que ajuda as empresas a alinhar melhor a demanda, o suprimento e a produção, otimizando a eficiência e a resiliência da cadeia de suprimentos. Suas diversas funções abrangem todo o ciclo de planejamento, permitindo uma gestão mais integrada e informada.

Em resumo, a gestão da cadeia de suprimentos com IA permite o monitoramento em tempo real de estoques, movimentações e entregas, proporcionando maior eficiência, previsibilidade e otimização do processo. Isso é especialmente valioso em empresas que precisam coordenar complexas redes de produção e distribuição para garantir que os produtos cheguem aos clientes no momento certo e nas melhores condições.

Automação de processos

Imagine que você é o gerente de uma empresa e precisa lidar com uma grande quantidade de processos repetitivos e manuais, como aprovação de documentos, registro de dados ou atualização de planilhas. A automação de processos com Inteligência Artificial (IA) é como ter um assistente virtual que realiza essas tarefas de forma automática e precisa, melhorando a eficiência de sua equipe.

A automação de processos envolve a utilização de algoritmos de IA para executar tarefas que normalmente seriam feitas por seres humanos. Considere o exemplo de aprovação de documentos:

em vez de passar manualmente por várias etapas de revisão e aprovação, a IA pode ser programada para analisar os documentos, verificar se atendem aos critérios pré-definidos e encaminhá-los automaticamente para a próxima etapa ou pessoa responsável.

Uma ferramenta popular para automação de processos é o UiPath. Ele oferece uma plataforma que permite criar fluxos de trabalho automatizados, chamados de robôs, para lidar com tarefas repetitivas. Por exemplo, você pode configurar um robô para coletar informações de e-mails, preencher formulários e atualizar bancos de dados automaticamente.

Enquanto o UiPath é uma solução paga, existem alternativas de código aberto, como o Automation Anywhere Community Edition, que oferecem recursos básicos de automação gratuitamente.

Outro exemplo de automação de processos envolve *chatbots* de atendimento ao cliente. Imagine que você tem um *chatbot* em seu site que responde a perguntas frequentes dos clientes. O *chatbot* utiliza IA para compreender as perguntas dos clientes e fornecer respostas adequadas automaticamente. Isso economiza tempo e recursos, permitindo que a equipe de atendimento se concentre em questões mais complexas.

Como funciona *Automation Anywhere Community Edition*

O Automation Anywhere Community Edition é uma versão gratuita da plataforma de automação robótica de processos (RPA) chamada Automation Anywhere. Essa versão é voltada para indivíduos e pequenas equipes que desejam explorar e aprender sobre automação de processos utilizando a tecnologia RPA. Vou explicar como funciona o Automation Anywhere Community Edition de forma mais detalhada:

Instalação e configuração

Registro: para começar, você precisa se registrar na plataforma Automation Anywhere Community Edition. Você pode fazer isso por meio do site oficial da empresa.

Download e instalação: após o registro, você pode baixar a versão gratuita do Automation Anywhere e instalá-la em seu computador.

Interface gráfica: uma vez instalado, você terá acesso à interface gráfica da plataforma. Ela é projetada de forma intuitiva, permitindo que você crie fluxos de trabalho automatizados (robôs) sem a necessidade de programação avançada.

Criação de automações

Gravação de ações: o Automation Anywhere permite que você crie robôs gravando suas próprias ações em um aplicativo. Por exemplo, você pode abrir um programa, preencher formulários, clicar em botões e realizar outras tarefas manualmente – enquanto o Automation Anywhere grava essas ações.

Edição e lógica: após gravar as ações, você pode usar a *interface* gráfica para editar o fluxo de trabalho. Isso inclui adicionar lógica condicional, *loops* e decisões, permitindo que o robô tome decisões baseadas em diferentes cenários.

Integração: o Automation Anywhere oferece integração com várias aplicações e sistemas. Isso permite que você crie fluxos de trabalho que interagem com diferentes programas, bancos de dados e sistemas, automatizando processos que envolvem várias etapas.

Execução e monitoramento

Execução de robôs: depois de criar um robô, você pode executá-lo para automatizar as tarefas definidas. O robô repetirá as ações que foram gravadas e configuradas na lógica do fluxo de trabalho.

Monitoramento: durante a execução, você pode monitorar o progresso do robô e ver como ele está realizando as ações. Se necessário, você pode fazer ajustes no fluxo de trabalho enquanto o robô está em execução.

É importante notar que a Community Edition do Automation Anywhere tem algumas limitações em relação à versão paga completa. Por exemplo, ela possui um conjunto mais limitado de recursos avançados e não oferece suporte a algumas integrações complexas.

No entanto, a versão gratuita é uma ótima maneira de começar a entender os conceitos básicos da automação de processos e experimentar a criação de robôs simples. É uma plataforma amigável para quem está entrando no mundo da RPA e quer explorar suas possibilidades.

Em resumo, a automação de processos com IA oferece uma maneira eficaz de eliminar tarefas manuais e repetitivas, melhorando a eficiência operacional e liberando recursos para atividades mais estratégicas. Com ferramentas como o UiPath e *chatbots* de IA, as empresas podem aumentar a produtividade, reduzir erros e melhorar a experiência do cliente.

Tomada de decisões estratégicas

A tomada de decisões estratégicas é um aspecto crucial para o sucesso de qualquer negócio. Trata-se de escolher o melhor caminho a seguir, considerando objetivos de longo prazo e fatores complexos. A Inteligência Artificial (IA) desempenha um papel fundamental nesse processo, fornecendo *insights* e análises valiosos para auxiliar os líderes na tomada de decisões informadas.

Imagine que você é o CEO de uma empresa que está considerando expandir para um novo mercado. A tomada de decisões estratégicas com IA envolve o uso de dados e algoritmos avançados para analisar diferentes cenários, riscos e oportunidades.

Uma ferramenta popular nesse contexto é o Tableau. Essa plataforma de visualização de dados permite criar painéis interativos que agregam informações de várias fontes. Suponha que você queira avaliar se a expansão para um novo mercado é viável. O Tableau pode ajudar a criar gráficos e visualizações que apresentam dados econômicos, demográficos e concorrenciais desse mercado em potencial. Isso permite que você tome decisões com base em informações concretas.

Outro exemplo é o uso de análise de dados históricos e modelos preditivos para avaliar o impacto de diferentes estratégias. Imagine que você é o diretor de marketing de uma empresa de varejo e precisa decidir sobre a alocação de recursos de marketing para os próximos trimestres. Ferramentas de análise de dados como o Microsoft Power BI podem ajudar a identificar tendências de vendas passadas e prever o desempenho potencial de diferentes estratégias de marketing.

Enquanto algumas ferramentas de tomada de decisões estratégicas com IA são pagas, existem opções gratuitas disponíveis. Por exemplo, o Google Data Studio é uma plataforma gratuita que permite criar relatórios e painéis interativos com base em dados de várias fontes.

Como funciona o Microsoft Power BI

O Microsoft Power BI é uma plataforma de análise de dados e visualização que permite aos usuários transformar dados brutos em *insights* significativos por meio de gráficos, painéis interativos e relatórios. Ele oferece uma abordagem abrangente para a análise de dados, desde a coleta e transformação até a criação de visualizações avançadas. Vou explicar como o Microsoft Power BI funciona de forma mais detalhada.

Conectando e importando dados

Conexões a diversas fontes: o Power BI suporta conexões a uma ampla variedade de fontes de dados, incluindo bancos de dados, arquivos locais, serviços em nuvem, aplicativos da web e muito mais. Isso permite que você importe dados de diferentes fontes para uma única plataforma.

Transformação de dados: após conectar os dados, você pode aplicar transformações para limpar, combinar e modelar os dados conforme necessário. Isso envolve a remoção de valores duplicados, preenchimento de lacunas, agregação e outras operações para preparar os dados para a análise.

Criação de modelos de dados

Modelagem: o Power BI permite criar modelos de dados relacionais, onde você define relacionamentos entre tabelas e colunas. Isso é fundamental para criar análises precisas e visualizações coerentes.

DAX (Data Analysis Expressions): o Power BI usa a linguagem DAX para criar medidas e colunas calculadas. Isso permite que você realize cálculos complexos e crie métricas personalizadas com base nos dados.

Criação de visualizações e relatórios

Visualizações: o Power BI oferece uma ampla variedade de tipos de visualizações, como gráfico de barras, gráfico de linhas, tabela, mapa, gráfico de pizza e muito mais. Você pode escolher a visualização mais adequada para os dados que deseja apresentar.

Arrastar e soltar: a criação de relatórios é feita de maneira intuitiva, por meio do recurso de arrastar e soltar. Você pode arrastar campos da sua modelagem de dados para as áreas de visualização e definir filtros, classificações e agrupamentos.

Criação de painéis interativos

Painéis: você pode criar painéis interativos que agregam várias visualizações em uma única tela. Isso permite que os usuários explorem os dados, façam *drill-down* em detalhes e interajam com as informações.

Filtros e realces: nos painéis, você pode adicionar filtros interativos que permitem aos usuários escolher quais dados visualizar. Além disso, é possível configurar realces para enfatizar informações importantes.

Compartilhamento e colaboração

Publicação em nuvem: o Power BI permite que você publique seus relatórios e painéis na nuvem, no serviço Power BI Online. Isso facilita o compartilhamento com colegas e colaboradores.

Colaboração: os usuários podem colaborar em relatórios e painéis, deixando comentários e compartilhando *insights*. Isso é útil para aprimorar a análise de dados em equipe.

O Microsoft Power BI é uma ferramenta poderosa para análise de dados e geração de *insights*, adequada tanto para usuários iniciantes quanto avançados. Ele permite que você transforme dados em informações acionáveis por meio de visualizações intuitivas e interativas. Vale ressaltar que o Power BI oferece uma versão gratuita com recursos básicos e também versões pagas com recursos mais avançados e colaborativos.

Em resumo, a tomada de decisões estratégicas com IA envolve a utilização de dados, análises e modelos avançados para ajudar os líderes a tomar decisões informadas e orientadas por dados. Ferramentas como o Tableau e o Microsoft Power BI permitem a criação de *insights* visuais que ajudam a entender cenários complexos; enquanto soluções gratuitas como o Google Data Studio também oferecem recursos para tomadas de decisões baseadas em dados.

Detecção de fraudes

A detecção de fraudes é uma aplicação crítica da Inteligência Artificial, especialmente em setores como finanças e segurança. A IA desempenha um papel fundamental na identificação de atividades fraudulentas e suspeitas, garantindo a proteção de informações e transações sensíveis.

Imagine que você é o responsável por segurança cibernética em um banco e precisa proteger as contas dos clientes contra transações fraudulentas. A detecção de fraudes com IA envolve o uso de algoritmos avançados para analisar padrões de comportamento e identificar transações que diferem do comportamento típico.

Um exemplo é o uso de aprendizado de máquina para detectar fraudes em cartões de crédito. Imagine que um cliente normalmente faz compras em sua cidade natal, mas repentinamente há uma transação de alto valor em um país estrangeiro. A IA pode identificar essa atividade como suspeita e enviar um alerta para o cliente ou bloquear a transação até que sua autenticidade seja confirmada.

Uma ferramenta amplamente usada nesse cenário é o IBM Safer Payments. Essa plataforma utiliza IA para analisar transações em tempo real, identificar anomalias e avaliar o risco de fraude. Por exemplo, se um cliente geralmente faz compras online em pequenos valores, mas de repente há uma transação de alto valor em uma categoria incomum, o sistema pode considerar isso como um sinal de alerta e acionar medidas de prevenção.

Enquanto soluções avançadas como o IBM Safer Payments são pagas e oferecem recursos sofisticados, existem alternativas de código aberto e gratuitas. O FraudDetectionAI é um exemplo de projeto de código aberto que utiliza algoritmos de IA para detectar fraudes em diferentes contextos.

Como funciona o FraudDetectionAI

O FraudDetectionAI é um exemplo genérico que representa a ideia de um sistema de detecção de fraudes baseado em Inteligência Artificial. Como não estou ciente de um projeto específico com esse nome, vou explicar como um sistema típico de detecção de fraudes com IA pode funcionar.

Funcionamento do sistema de detecção de fraudes com IA

O FraudDetectionAI é um sistema que utiliza algoritmos de Inteligência Artificial, especialmente aprendizado de máquina, para identificar atividades suspeitas e transações fraudulentas em um determinado contexto, como transações financeiras, atividades de comércio eletrônico ou qualquer outro cenário propenso a fraudes.

Coleta de dados:
O sistema começa coletando uma grande quantidade de dados relevantes. Isso pode incluir informações sobre transações, comportamentos do usuário, históricos de atividades e quaisquer outros dados relevantes para o contexto.

Pré-processamento de dados:
Os dados coletados passam por um processo de pré-processamento, onde são limpos, transformados e organizados. Isso pode envolver a remoção de ruídos, a padronização de formatos e a criação de recursos relevantes para análise.

Treinamento do modelo:
Com os dados preparados, o sistema utiliza algoritmos de aprendizado de máquina para treinar um modelo. O modelo é alimentado com exemplos de atividades normais e fraudulentas, permitindo que ele aprenda a distinguir padrões entre os dois tipos de atividades.

Extração de características:
Durante o treinamento, o modelo identifica características específicas nas atividades que podem indicar fraude. Essas características podem incluir padrões de gastos, comportamentos anômalos e outros indicadores suspeitos.

Validação e ajuste:
Após o treinamento, o modelo é validado usando dados que não foram usados durante o treinamento. Isso ajuda a garantir que o modelo seja capaz de generalizar e detectar fraudes em situações reais.

Detecção em tempo real:
Uma vez que o modelo está treinado e validado, ele é implantado para detectar fraudes em tempo real. À medida que novas transações ou atividades são registradas, o modelo analisa esses dados em busca de padrões que correspondam a atividades fraudulentas.

Alertas e intervenção:
Se o modelo identificar atividades suspeitas, ele pode acionar alertas para os responsáveis pela segurança. Dependendo do cenário, o sistema pode tomar medidas automáticas, como bloquear uma transação suspeita ou solicitar autenticação adicional do usuário.

Aprendizado contínuo:
O sistema de detecção de fraudes com IA pode continuar a aprender e melhorar ao longo do tempo. À medida que novos dados são coletados e novos padrões de fraude surgem, o modelo pode ser atualizado para ser mais eficaz na detecção.

É importante ressaltar que a implementação específica e os detalhes técnicos podem variar dependendo do contexto e das tecnologias utilizadas. O FraudDetectionAI é um exemplo genérico que ilustra a abordagem geral de um sistema de detecção de fraudes baseado em Inteligência Artificial.

Resumindo, a detecção de fraudes com IA é essencial para proteger informações e transações contra atividades suspeitas. Ferramentas como o IBM Safer Payments oferecem recursos avançados para identificar padrões de fraude em tempo real, enquanto soluções de código aberto, como o FraudDetectionAI, também podem fornecer uma abordagem eficaz para a detecção de fraudes em diversos cenários.

Precificação dinâmica

A precificação dinâmica é uma estratégia de ajuste de preços em tempo real com base em dados variáveis, como demanda, oferta, concorrência e outros fatores externos. A Inteligência Artificial (IA) desempenha um papel importante nesse processo, permitindo que as empresas otimizem seus preços para maximizar lucros e competitividade.

Imagine que você gerencia um site de comércio eletrônico que vende produtos eletrônicos. A precificação dinâmica com IA envolve o uso de algoritmos para analisar constantemente informações do mercado e tomar decisões sobre os preços dos produtos em tempo real.

Um exemplo prático é o das plataformas de viagens, como o site de reservas de passagens aéreas Expedia. Essas plataformas utilizam a IA para analisar a demanda por passagens, considerando fatores como sazonalidade, datas específicas e disponibilidade de voos. Quando a demanda é alta, os preços podem subir automaticamente para aproveitar a procura. Por outro lado, se a demanda é baixa, os preços podem ser ajustados para atrair mais compradores.

Uma ferramenta popular para implementar a precificação dinâmica é o Prisync. Essa plataforma permite monitorar preços de concorrentes e ajustar automaticamente seus próprios preços com base nas mudanças do mercado. Por exemplo, se um concorrente reduz o preço de um produto, o Prisync pode acionar um ajuste de preço para manter a competitividade.

Enquanto soluções avançadas como o Prisync são pagas, existem opções gratuitas e de código aberto, como o Dynamic Pricing and Discounts para lojas WooCommerce no WordPress. Essa ferramenta permite ajustar preços de produtos com base em regras configuradas.

Como funciona WooCommerce no WordPress

O WooCommerce é um *plugin* para WordPress que transforma um site comum em um poderoso e-commerce, permitindo que você venda produtos e serviços online. Ele oferece uma plataforma completa para criar, gerenciar e expandir uma loja virtual, com recursos de gerenciamento de produtos, processamento de pedidos, pagamentos, envios e muito mais. Vou explicar como o WooCommerce funciona de forma mais detalhada:

Funcionamento do WooCommerce no WordPress

Instalação e configuração do WordPress: primeiramente, é necessário ter um site WordPress em funcionamento. Você pode instalar o WordPress em seu domínio ou usar um serviço de hospedagem que ofereça instalação automática.

Instalação do WooCommerce: após ter o WordPress pronto, você pode instalar o *plugin* WooCommerce diretamente do painel de administração do WordPress. Isso pode ser feito através da seção *"Plugins"* > "Adicionar Novo".

Configuração inicial: depois de instalar o WooCommerce, você será guiado através de um assistente de configuração. Ele solicitará informações básicas sobre sua loja, como localização, moeda, métodos de pagamento e envio.

Criação de produtos

Adicionar produtos: você pode começar a adicionar produtos à sua loja através da seção "Produtos" no painel de administração do WordPress. É possível inserir detalhes como nome, descrição, preço, imagens e categorias.

Configurações de produto: o WooCommerce oferece opções avançadas de configuração de produtos, como atributos, variações, estoque, cálculo de frete e muito mais.

Gerenciamento de pedidos

Recebimento de pedidos: quando um cliente faz um pedido, você receberá uma notificação por e-mail. Os pedidos também são registrados no painel de administração do WooCommerce.

Processamento de pedidos: você pode visualizar e gerenciar detalhes dos pedidos, como endereço de entrega, produtos escolhidos e informações do cliente. Após processar o pedido, você pode marcar como concluído e enviar uma notificação de envio.

Pagamentos e envios

Métodos de pagamento: o WooCommerce suporta uma variedade de métodos de pagamento, desde cartões de crédito até *ga-*

teways de pagamento online como PayPal e Stripe. Esses métodos podem ser configurados no painel de administração.

Opções de envio: o *plugin* permite configurar opções de envio, taxas de frete, áreas atendidas e métodos de entrega. Isso inclui escolher entre envio padrão, expresso, retirada na loja, entre outros.

Personalização e design

Temas WooCommerce: existem temas específicos para WooCommerce que oferecem *layouts* otimizados para lojas online. Você pode escolher um tema que atenda às suas necessidades e personalizá-lo conforme desejado.

Customização: o WooCommerce oferece uma ampla gama de opções de customização, permitindo que você altere a aparência da loja, adicione *widgets*, crie páginas personalizadas e muito mais.

Extensões e integrações

Extensões: o WooCommerce possui uma extensa biblioteca de extensões que adicionam funcionalidades extras à sua loja, como integração com sistemas de pagamento, *gateways* de envio, gestão de estoque, entre outros.

Integrações: além das extensões, o WooCommerce pode ser integrado a ferramentas de marketing, análise, automação e outros serviços para melhorar a experiência da loja e o gerenciamento.

O WooCommerce é uma solução completa para criar e gerenciar uma loja virtual no WordPress. Ele oferece recursos abrangentes para criar produtos, processar pedidos, configurar pagamentos e envios, além de permitir personalizações e expansões por meio de temas, extensões e integrações. É uma maneira eficaz e acessível de iniciar uma presença de comércio eletrônico online.

Resumindo, a precificação dinâmica com IA envolve a análise de dados em tempo real para ajustar preços de acordo com a demanda, concorrência e outros fatores. Plataformas como o Prisync oferecem recursos avançados para automatizar esse processo, enquanto alternativas gratuitas, como o Dynamic Pricing and Discounts, também permitem implementar estratégias de precificação dinâmica em cenários específicos.

Outras ferramentas que podem ser úteis para o seu dia a dia:

Assistentes pessoais

Fireflies é um assistente virtual para reuniões, que busca automatizar e melhorar a execução desses momentos. Com a ferramenta, é possível agendar reuniões, enviar convites e até encontrar o melhor horário para o encontro de acordo com as agendas dos participantes.

Uma das suas funcionalidades mais populares é a capacidade de gravar e transcrever conversas online, assim elimina-se a necessidade de fazer anotações durante a reunião, afinal você pode revisitar a conversa posteriormente.

Automação de tarefas

O **Rows** é uma plataforma fácil de usar para análise de dados e automação de tarefas. Com ela, você pode importar dados de várias fontes e manipulá-los de forma interativa, sem a necessidade de fórmulas complexas. Além disso, o Rows oferece recursos de automação para economizar tempo e criar fluxos de trabalho personalizados. É uma solução acessível e intuitiva para simplificar a análise de dados.

Há uma variedade de outras ferramentas valiosas que poderia compartilhar com vocês. Por esse motivo, convido você a me acompanhar nas redes sociais, onde constantemente apresento as últimas novidades e atualizações.

No encerramento deste capítulo sobre a Inteligência Artificial (IA) nos negócios, podemos destacar os seguintes pontos-chave:

A IA está redefinindo a maneira como as empresas operam e tomam decisões. Ela oferece soluções avançadas para resolver problemas complexos, otimizar processos, melhorar a eficiência e impulsionar o crescimento dos negócios.

As aplicações da IA nos negócios são abrangentes e incluem a automação de tarefas, a análise de dados para *insights* estratégicos, a personalização de produtos e serviços, a otimização de cadeias de suprimentos e o atendimento ao cliente aprimorado.

A IA também está transformando a tomada de decisões, fornecendo análises preditivas e prescritivas que ajudam as empresas a antecipar tendências, identificar oportunidades e mitigar riscos.

Para aproveitar ao máximo a IA nos negócios, as empresas devem investir em talentos qualificados, infraestrutura tecnológica sólida e estratégias de integração inteligente. Além disso, é essencial manter uma abordagem ética e responsável ao lidar com dados e automação.

A IA não é apenas uma ferramenta poderosa, mas também um catalisador para a inovação e a competitividade. As empresas que adotam e incorporam efetivamente a IA em suas operações têm a oportunidade de prosperar em um ambiente de negócios cada vez mais digital e orientado por dados.

CAPÍTULO 5
Marketing Digital

A revolução digital tem sido uma força transformadora em muitos setores, e o marketing não é exceção. Nos últimos anos, a Inteligência Artificial (IA) emergiu como uma ferramenta poderosa que está remodelando o cenário do marketing digital de maneiras que eram inimagináveis anteriormente. A IA trouxe uma nova dimensão de personalização, análise de dados e automação que está mudando fundamentalmente a forma como as empresas se envolvem com seus clientes e promovem seus produtos e serviços.

No mundo do marketing digital, a IA está desempenhando um papel central na otimização de campanhas, segmentação de público, criação de conteúdo, análise de dados e muito mais. Essa tecnologia está impulsionando a eficiência, melhorando a tomada de decisões e permitindo que as empresas criem experiências mais envolventes para seus clientes. Vamos explorar como exatamente a IA está revolucionando o marketing digital e o que isso significa para as marcas e consumidores.

Personalização em escala

A personalização sempre foi um objetivo almejado no marketing. Com a IA, as empresas agora podem oferecer personalização em uma escala que era difícil de alcançar manualmente. A IA analisa os dados do comportamento do cliente para entender suas preferências individuais e cria campanhas direcionadas com base nesses *insights*. Isso resulta em uma experiência mais relevante e atraente para o público, aumentando a probabilidade de conversões.

Análise de dados profunda

O volume de dados gerados diariamente é imenso, e a IA é a chave para extrair significado desses dados. As ferramentas de IA podem analisar grandes conjuntos de dados em tempo real, identificando padrões e tendências que podem ser usados para melhorar as estratégias de marketing. Isso inclui entender quando e como os clientes interagem, quais produtos ou serviços são mais populares em determinadas regiões e muito mais.

Automação eficiente

A automação é uma das áreas mais impactantes onde a IA está transformando o marketing digital. Tarefas repetitivas e demoradas, como segmentação de audiência, agendamento de postagens e respostas a perguntas comuns, agora podem ser automatizadas com a ajuda da IA. Isso libera os profissionais de marketing para se concentrarem em tarefas mais estratégicas e criativas.

Chatbots inteligentes

Os *chatbots* impulsionados por IA estão se tornando uma parte comum das estratégias de atendimento ao cliente. Eles podem responder a perguntas frequentes, auxiliar os clientes em suas jornadas de compra e até mesmo simular conversas humanas. Isso melhora a experiência do cliente, oferecendo suporte instantâneo e disponível 24/7.(24h – 7 dias por semana)

Otimização de campanhas

A IA está revolucionando a forma como as campanhas de marketing são otimizadas. Em vez de depender exclusivamente de intuição, os profissionais de marketing podem utilizar algoritmos de IA para ajustar automaticamente elementos como segmentação de audiência, orçamento e conteúdo com base nas métricas de desempenho em tempo real. Isso leva a resultados mais eficazes e mensuráveis.

Previsão de tendências

A IA tem o poder de prever tendências de mercado com base em análises de dados históricos e padrões emergentes. Isso permite que as empresas estejam à frente da concorrência, antecipando demandas futuras e ajustando suas estratégias de acordo.

Geração de conteúdo criativo

A criação de conteúdo é uma área onde a IA está se tornando cada vez mais valiosa. Ferramentas de IA podem gerar automaticamente textos, artigos e até mesmo criar designs de imagens. Embora a criatividade humana seja insubstituível, a IA pode agilizar o processo de geração de conteúdo, permitindo que os profissionais de marketing se concentrem em aprimorar e personalizar o que foi gerado.

Quando começou a IA no Marketing?

A implementação da Inteligência Artificial (IA) no marketing digital não ocorreu em um único ano específico, mas sim ao longo de um período de tempo gradual à medida que as tecnologias de IA foram se desenvolvendo. No entanto, a utilização mais significativa e notável da IA no marketing digital começou a ganhar destaque nos últimos anos.

Em termos de produtos pioneiros, um exemplo notável é o IBM Watson que foi lançado em 2011. Embora não seja exclusivamente voltado para marketing digital, o Watson trouxe a atenção para o potencial da IA em várias áreas, incluindo análise de dados e processamento de linguagem natural, que mais tarde se tornaram parte integrante das estratégias de marketing digital.

No campo do marketing digital específico, várias empresas começaram a explorar e implementar a IA para melhorar suas campanhas e interações com os clientes. A utilização de *chatbots*, por exemplo, começou a crescer em popularidade a partir de meados da década de 2010. Marcas começaram a adotar *chatbots* em seus *websites* e páginas de redes sociais para fornecer atendimento ao cliente automatizado e interações em tempo real com os usuários.

Além disso, a automação de marketing, que também se beneficia da IA, começou a ganhar força nesse período. Plataformas de automação permitiram que as empresas automatizassem tarefas como envio de e-mails segmentados, agendamento de postagens em redes sociais e otimização de campanhas publicitárias.

Nos anos mais recentes, a IA tem sido cada vez mais integrada em várias etapas do marketing digital, desde a análise de dados até a personalização de conteúdo e a otimização de campanhas. Portanto, é importante reconhecer que a implementação da IA no marketing digital é um processo em constante evolução, com várias empresas e produtos contribuindo para o desenvolvimento contínuo dessa tendência.

Quando começou para mim

Vou compartilhar um relato pessoal da minha jornada no mundo da publicidade e do marketing digital. Tudo começou em 1997, quando tinha apenas 14 anos, e mergulhei no universo do *design* gráfico para impressão. A influência do meu pai, proprietário de uma gráfica, me apresentou a essa profissão desde cedo. Enquanto muitas gráficas da minha cidade ainda eram voltadas para a tipografia tradicional, meu pai já estava inovando com soluções digitais no negócio. Recordo-me que, naquela época, eram poucas as pessoas que dominavam as técnicas de desenho digital.

À medida que o tempo avançava e a Internet se expandia, fui gradualmente explorando as redes sociais, os *blogs* e até mesmo descobrindo maneiras de gerar renda por meio deles. No entanto, sempre me fascinavam as agências de publicidade na minha cidade e os *designs* incríveis que produziam para campanhas publicitárias.

Apesar de estar imersa na era digital, optei por me voltar ao âmbito *offline* e entrei no campo da publicidade. Fundei minha própria agência de publicidade e logo percebi o quão subjetivo esse mundo podia ser. Por mais geniais que fossem as campanhas que criávamos, a validação dependia do cliente. Sem acesso aos números de vendas, muitas vezes era difícil avaliar a eficácia de uma campanha.

Tudo mudou quando o Facebook começou a ganhar grande relevância no Brasil, aproximadamente em 2011 – pelo menos essa foi a minha percepção. Foi nesse momento que comecei a entender que as métricas fornecidas pela plataforma, como curtidas e comentários, poderiam ser indicativos de sucesso de uma campanha. Então, decidi estudar e experimentar mais profundamente nesse campo. Até hoje, continuo testando diversos enfoques nas redes sociais.

No entanto, o verdadeiro ponto de virada para mim no marketing digital aconteceu em 2015, quando me deparei com o conceito do *Inbound Marketing*. Aprofundando-me nesse conceito, percebi que as informações de um cliente poderiam ser centralizadas, conectando o site, as redes sociais, o e-mail e o CRM. Essa abordagem, aliada a valores fundamentais como o *Customer Relationship Management* (CRM), abriu possibilidades sem precedentes. Testei inúmeras ferramentas do mercado digital, e as que mais se destacaram para mim foram a Sharpspring, RD Station e HubSpot.

Hoje, reflito sobre minha trajetória desde a criação de artes para impressão até a compreensão abrangente do impacto das redes sociais e do *Inbound Marketing*. Estar envolvida nessa evolução constante me inspira a continuar a explorar novas oportunidades e aprimorar minhas estratégias à medida que o cenário do marketing digital continua a se transformar.

O que é tipografia?

Muitos devem estar se perguntando o que é tipografia.

A tipografia é a arte e a técnica de criar e organizar elementos tipográficos, como letras, números, caracteres especiais e símbolos, para comunicar uma mensagem visualmente. Ela desempenha um papel fundamental na comunicação escrita, permitindo que o texto seja apresentado de forma legível, atraente e expressiva. A tipografia não se limita apenas à escolha das fontes, mas também envolve o espaçamento, o alinhamento e a disposição geral do texto em uma página ou *design*.

A tipografia tem uma longa história que remonta à invenção da imprensa por Johannes Gutenberg no século XV. Antes disso, o texto era frequentemente manuscrito ou gravado à mão, o que tornava a reprodução em larga escala um processo trabalhoso e demorado. A invenção da prensa móvel permitiu a produção mais rápida e eficiente de livros e outros materiais impressos.

Máquina de impressão. *Como eram montados para a impressão.*

Redes sociais e IA

A utilização da Inteligência Artificial (IA) nas redes sociais está revolucionando a forma como as marcas interagem com seu público, impulsionando a criatividade e a eficiência em várias etapas do processo de marketing. Vamos explorar como o uso da IA, incluindo o GPT-3, pode facilitar a criação de ideias para calendários de conteúdo, roteiros de vídeos e até mesmo a produção de imagens visualmente cativantes.

O que é o Chatgpt?
ChatGPT é um modelo de linguagem treinado pela OpenAI.

Qual o objetivo do ChatGPT
O ChatGPT foi criado com o objetivo de fornecer uma forma de gerar texto em linguagem natural de maneira semelhante a como um ser humano faria. Ele foi treinado com grandes quantidades de texto da Internet, o que permitiu que ele aprendesse a imitar o estilo e a estrutura da linguagem natural. Com isso, ele pode ser usado em uma variedade de aplicações, como assistentes virtuais, geração de conteúdo, tradução automática e muito mais. Além disso, o ChatGPT é uma das formas de se criar um modelo de linguagem que é capaz de entender e responder a perguntas do usuário.

Quais línguas o ChatGPT entende
O ChatGPT foi treinado principalmente com textos em inglês, portanto é mais preciso e eficiente para gerar texto e compreender perguntas em inglês. No entanto, ele também pode ser usado para gerar e compreender texto em outras línguas, embora possa não ser tão preciso quanto ao inglês. Atualmente, o ChatGPT é utilizado em diversos países, e é possível utilizá-lo em vários idiomas, como espanhol, francês, alemão e outros. No entanto, a precisão e qualidade das respostas pode variar de acordo com a língua e o texto usado para treinar o modelo.

Em quais áreas o ChatGPT é mais eficiente?
O ChatGPT é especialmente eficiente em gerar texto em linguagem natural, mas ele também pode ser usado em outras áreas, como:

- Assistência virtual: ele pode ser usado para criar assistentes virtuais que possam responder perguntas e ajudar os usuários com tarefas específicas.

- Geração de conteúdo: ele pode ser usado para gerar textos como notícias, artigos, histórias e outros tipos de conteúdo.
- Tradução automática: ele pode ser usado para traduzir textos de uma língua para outra.
- Resposta a perguntas: ele pode ser usado para responder perguntas específicas, como perguntas de pesquisa na Internet ou perguntas de *trivia*.
- Criação de diálogos: ele pode ser usado para criar diálogos com humanos, como em jogos, *chatbots* ou outras aplicações de comunicação.

No entanto, é importante notar que o desempenho do ChatGPT pode variar de acordo com a tarefa específica e a qualidade dos dados de treinamento usados para treinar o modelo.

É só saber perguntar. Quando não gostar de uma resposta é só pedir para ele mostrar mais opções com alterações onde errou ou citar que não ficou bom o jeito que ele escreveu.

Ele pode ajudar você em textos persuasivos para páginas de vendas, conteúdos para as redes sociais e e-mail marketing de alta conversão.

Melhores práticas para usar o ChatGPT

Existem várias maneiras de usar o ChatGPT de maneira eficaz, dependendo da aplicação específica. Aqui estão algumas dicas gerais para aproveitar ao máximo o ChatGPT:

1. **Use dados de treinamento de alta qualidade:** o desempenho do ChatGPT depende dos dados usados para treiná-lo. Quanto mais dados de alta qualidade você usar, mais preciso será o modelo. Além disso, é importante usar dados que sejam relevantes para a aplicação específica.

2. **Seja específico na sua pergunta ou solicitação:** quanto mais específico for o texto de entrada, melhores serão as respostas geradas. Tente fornecer o contexto adequado e seja claro sobre o que você está perguntando ou solicitando.

3. **Utilize a API da OpenAI:** a API do ChatGPT fornece uma maneira fácil de acessar o modelo de linguagem e usá-lo em diversas aplicações. Além disso, existem várias bibliotecas disponíveis para ajudar na integração com outros sistemas e sites.

4. **Use o ChatGPT para tarefas específicas:** o ChatGPT foi treinado para gerar texto em linguagem natural, mas ele também pode ser usado para outras tarefas, como responder perguntas, gerar conteúdo e tradução automática. Seja criativo e experimente diferentes usos do modelo.

5. **Faça testes e ajustes:** faça testes para avaliar o desempenho do ChatGPT e ajuste o modelo conforme necessário. Isso pode incluir adicionar mais dados de treinamento, ajustar os parâmetros do modelo ou fazer outras modificações.

6. **Use com moderação:** lembre-se de que o ChatGPT é uma ferramenta poderosa, mas ainda é um modelo de computador e pode ter limitações. Certifique-se de usá-lo de maneira ética e não automatize tarefas que podem ser melhor realizadas por seres humanos.

7. **Tenha cuidado com a segurança:** ao usar a API do ChatGPT, é importante garantir que as informações confidenciais estejam protegidas e atente-se em cumprir as políticas de privacidade da OpenAI.

Seguindo essas dicas, você pode usar o ChatGPT de maneira eficaz e obter resultados precisos e úteis para a sua aplicação.

Geração de ideias para calendários de conteúdo

A IA, como o ChatGPT, é uma ferramenta poderosa para gerar ideias para calendários de conteúdo de redes sociais. Você pode fornecer à IA informações sobre seu público-alvo, objetivos de marketing e tópicos relevantes. A IA então pode sugerir uma variedade de ideias para postagens, artigos ou outros tipos de conteúdo que ressoem com sua audiência. Por exemplo, você pode pedir à IA que crie sugestões para postagens relacionadas a datas comemorativas, tendências atuais ou temas específicos.

Prompt para você criar postagens para as redes sociais

"Olá, ChatGPT! Preciso da sua ajuda para criar um calendário de ideias, legendas e *hashtags* para as redes sociais. Minha empresa atua no setor de **[insira o setor]** e estamos focados principalmente no **[nome da rede social]**. Gostaria de receber sugestões para as próximas duas semanas. Pode nos fornecer pelo menos três ideias de postagens, incluindo uma breve descrição, uma legenda criativa e as *hashtags* relevantes para cada uma das postagens? Por favor, mantenha o tom de voz **[profissional/descontraído/inspirador, etc.]** de acordo com a nossa marca. Estamos ansiosos para promover nosso **[produto/serviço]** de forma envolvente. Muito obrigado!"

Certifique-se de substituir [insira o setor], [nome da rede social], [profissional/descontraído/inspirador, etc.] e outras informações relevantes com os detalhes específicos do seu pedido. Esse *prompt* deve ajudar o ChatGPT a entender suas necessidades e fornecer sugestões de calendário de conteúdo adequadas para suas redes sociais.

Geração de conteúdos e ideias com o Gemini do Google

Na minha perspectiva, o ChatGPT destaca-se como uma das ferramentas de redação mais impressionantes que já experimentei. Contudo, é importante observar que, até a publicação desta obra (2024), sua base de conhecimento se limita às informações disponíveis até dezembro de 2023. À medida que vamos evoluindo, pode ser que a IA também avance para atualizações, para poder lidar com informações em tempo real e escrever notícias atuais, onde uma alternativa de destaque atualmente é o Gemini, do Google.

O Gemini do Google oferece uma solução notável para a redação de notícias atuais, uma vez que está equipado para fornecer informações que refletem acontecimentos em tempo real. Sua capacidade de se manter atualizado com os eventos mais recentes é uma vantagem crucial, especialmente para profissionais que dependem de dados e acontecimentos atuais para criar conteúdo informativo.

Embora o ChatGPT seja inegavelmente valioso, especialmente para informações e contextos até 2023, o Gemini do Google preenche uma lacuna importante ao oferecer um fluxo contínuo de informações para redação de notícias. A escolha entre essas ferramentas dependerá das necessidades específicas e da natureza do conteúdo que você pretende criar, considerando tanto a riqueza de informações históricas do ChatGPT quanto a atualização em tempo real do Gemini.

Criação de roteiros de vídeos

Para a criação de roteiros de vídeos, a IA pode ser um parceiro criativo valioso. Ao descrever o conceito do vídeo e os pontos-chave que você deseja abordar, a IA pode ajudar a elaborar um roteiro detalhado. Ela pode sugerir introduções cativantes, desenvolvimento de enredo e até mesmo diálogos envolventes. A IA também pode auxiliar na adaptação do roteiro para diferentes formatos, como vídeos curtos para redes sociais ou conteúdo mais longo para plataformas como o YouTube.

Como pedir um roteiro de vídeo para o ChatGPT

Para ajudar a construir um roteiro eficaz, forneça algumas informações-chave:

Objetivo do vídeo: por favor, descreva brevemente o propósito do vídeo. O que esperamos alcançar com essa postagem? É uma apresentação de produto, um tutorial, uma mensagem inspiradora, ou algo diferente?

Duração do vídeo: qual é a duração ideal que você tem em mente para esse vídeo? Isso nos ajudará a ajustar o conteúdo de acordo.

Mensagem central: qual é a mensagem ou ponto principal que queremos transmitir aos espectadores? Quais informações ou conceitos essenciais devem ser incluídos?

Público-alvo: quem é nosso público-alvo para essa postagem? Quais são seus interesses, preocupações ou necessidades que devemos abordar no vídeo?

Estilo e tom: que estilo visual e tom de comunicação desejamos adotar? É importante que o vídeo seja descontraído, profissional, inspirador etc.?

Cena e sequência: por favor, descreva as cenas ou sequências que você imagina para o vídeo. Quais elementos visuais ou ações você gostaria de ver incluídos?

Chamada à ação: haverá uma chamada à ação no final do vídeo? Se sim, que ação específica gostaríamos que os espectadores tomassem?

Referências: se você tiver exemplos de outros vídeos que gostou ou que acredita serem relevantes para nosso estilo, sinta-se à vontade para compartilhá-los.

Além da criação de textos, existem várias ferramentas que podem ajudar na edição de seus vídeos:
- heygen.com, synthesia.io – criação de vídeos, avatares, voz e muito mais.
- Clip.fm , choppity.com, clipsai.com, qlip.ai, getmunch.com – edição e cortes de vídeos longos.

Entre muitas outras ferramentas.

Produção de imagens criativas

Enquanto o ChatGPT e o Gemini podem dar ideias e escrever os textos, temos também ferramentas de imagem que podem ajudar desde uma logomarca até uma postagem nas redes sociais de forma fácil e rápida.

A IA também está transformando a criação de imagens para redes sociais. Plataformas como o **Canva** permitem que você utilize a IA para gerar designs personalizados com base em suas preferências. Além disso, ferramentas como o **DALL-E,** o **Midjourney e Leonard** exploram a geração de imagens artísticas e criativas a partir de descrições de texto. Você pode descrever a imagem que deseja, e a IA cria uma representação visual única que pode ser usada em suas postagens de mídia social.

Criação de logomarca

Também interessante no início da empresa, **Looka** é uma IA que oferece um processo simples e intuitivo de criação de logotipos. A partir de uma seleção de cores, fontes e ícones, e a partir dos seus gostos, a identidade visual é criada em minutos.

Criação de slides e apresentações

A criação de apresentações consome muito tempo, e o **SlidesAI** facilita a vida de empreendedores iniciantes.

Para lojas de roupas

Para você que não tem dinheiro para contratar modelos para usar suas roupas, você pode contar com a **Booth.ai**! É para quem precisa gerar imagens dos produtos em modelos de Inteligência Artificial. Gerar ambientes novos onde seu produto pode ser inserido, sem ter que se preocupar em ir atrás de locais, fotógrafos, modelos, entre outros.

Website

A construção de sites também ficou mais fácil com a IA. O **10web.io** vai ajudar você a criar um site do zero, gerando texto, imagens e botões de acordo com um comando escrito.

Ferramenta de *brainstorming*

A IA do Notion oferece funções como resumir conteúdo, gerar ideias, escrever rascunhos, corrigir erros de ortografia e gramática,

e traduzir texto. É uma ferramenta útil para auxiliar em várias tarefas de escrita e criatividade.
- Resumir conteúdo existente
- *Brainstorming* de ideias
- Correção de ortografia e gramática
- Tradução de conteúdo

Hotmart

A Hotmart AI não vai criar o produto para o usuário, mas sim oferecer informações que facilitem a tomada de decisão, para que ele chegue ao mercado mais rapidamente e otimizado. "É como uma sessão de *brainstorming* entre o criador de conteúdo e a Inteligência Artificial." A ferramenta ajuda a estruturar o seu curso online com a ajuda da IA.

Inbound Marketing

O *Inbound Marketing* começou a ganhar popularidade no Brasil na segunda metade dos anos 2010. Embora os princípios do *Inbound Marketing* já estivessem sendo discutidos e aplicados internacionalmente desde o início dos anos 2000, levou algum tempo para que essa abordagem ganhasse tração no mercado brasileiro.

A partir de 2015 e nos anos seguintes, houve um aumento no interesse por estratégias de marketing mais centradas no cliente e focadas na criação de conteúdo relevante para atrair e engajar o público-alvo. Nesse período, mais empresas brasileiras começaram a perceber os benefícios do *Inbound Marketing* em comparação com métodos de marketing tradicionais, como publicidade direta e *outbound* marketing.

A popularização do *Inbound Marketing* no Brasil foi impulsionada por vários fatores, incluindo o aumento do acesso à Internet, a mudança no comportamento dos consumidores em busca de informações online antes de fazer uma compra e a crescente importância das redes sociais como plataformas de divulgação de conteúdo.

Durante essa época, também ocorreram diversos eventos, *workshops* e cursos que ajudaram a educar os profissionais de marketing e empresários sobre as estratégias do *Inbound Marketing*. Empresas de tecnologia e marketing digital começaram a oferecer ferramentas e plataformas que facilitavam a implementação das táticas do *Inbound Marketing*, como automação de marketing, análise de dados e criação de conteúdo.

O que é Inbound Marketing

O *Inbound Marketing*, também conhecido como marketing de atração, é uma metodologia estratégica que se concentra em atrair, envolver e conquistar o interesse do público-alvo por meio da criação de conteúdo relevante e valioso. A ideia central do *Inbound Marketing* é criar um relacionamento duradouro com os clientes em potencial, gerando confiança e proporcionando valor antes mesmo de tentar vender um produto ou serviço.

Em vez de abordar os clientes com anúncios intrusivos, o *Inbound Marketing* se baseia em atrair a atenção por meio de conteúdo educativo, blogs, mídias sociais, SEO (otimização para mecanismos de busca) e outras estratégias digitais. À medida que os usuários interagem com esse conteúdo, eles se tornam mais propensos a se envolver com a marca e, eventualmente, se transformarem em *leads* qualificados. A partir daí, a jornada do cliente continua com nutrição, educação e orientação, até que estejam prontos para realizar uma compra.

No que diz respeito à utilização da Inteligência Artificial (IA) no *Inbound Marketing*, há várias maneiras pelas quais a IA pode ser incorporada para otimizar a eficácia da estratégia:

Análise de dados: a IA pode processar grandes volumes de dados de usuários e interações, ajudando as empresas a entender melhor o comportamento do público-alvo e identificar padrões de interesse. Isso permite ajustar a estratégia de conteúdo e personalizar as abordagens de acordo.

Personalização de conteúdo: com base nas informações coletadas, a IA pode criar recomendações de conteúdo personalizado para cada usuário, fornecendo exatamente o que eles estão procurando e aumentando o engajamento.

Segmentação de audiência: a IA pode identificar segmentos específicos de público-alvo com base em características, comportamento e preferências. Isso permite que a estratégia de *Inbound Marketing* seja direcionada de maneira mais precisa.

Chatbots e interação: a IA pode ser usada para criar *chatbots* que interagem com os visitantes do site, respondendo perguntas, fornecendo informações e orientando-os ao longo da jornada de compra.

Automação de marketing: ferramentas de automação de marketing impulsionadas por IA podem rastrear e responder a interações, como e-mails de acompanhamento, com base no comportamento do usuário.

Otimização de conteúdo: a IA pode analisar dados para determinar quais tipos de conteúdo têm melhor desempenho e ajustar a estratégia de acordo.

Análise de sentimento: a IA pode analisar o sentimento dos clientes com base em suas interações e *feedbacks*, permitindo uma abordagem mais empática e direcionada.

Portanto, a IA desempenha um papel significativo na otimização das estratégias de *Inbound Marketing*, ajudando as empresas a aprimorar a personalização, a segmentação e a eficácia geral da abordagem de marketing de atração.

Como funciona o Inbound Marketing na prática

Imagine que você está planejando fazer um bolo incrível. O *Inbound Marketing* é como a receita perfeita para criar um relacionamento saudável e duradouro com seus clientes. Vamos ver como isso funciona:

1. Funil de vendas – As etapas do bolo

Pense no funil de vendas como as etapas para fazer um bolo. No topo, temos os ingredientes básicos; no meio, misturamos e adicionamos sabores; e, finalmente, no fundo, temos o bolo pronto para ser decorado.

2. Atrair – Pegando os ingredientes

Aqui, você atrai pessoas interessadas no que você oferece. Isso é como pegar os ingredientes para o bolo. Você cria conteúdo interessante, como receitas, dicas e informações úteis, para chamar a atenção dos possíveis interessados. Isso pode ser feito em *blogs*, redes sociais e SEO.

3. Converter – Misturando os ingredientes

Agora que você tem os ingredientes, é hora de misturá-los. Aqui, você transforma visitantes em *leads*, ou seja, em pessoas que mostraram interesse real. Você oferece algo valioso em troca de seus contatos, como um *ebook* ou guia. Isso é como misturar os ingredientes do bolo para criar a massa.

4. Relacionar – Assando a massa

Assim como você precisa assar a massa do bolo, aqui você constrói um relacionamento sólido com seus *leads*. Você envia e-mails relevantes e úteis para mantê-los interessados. Isso ajuda a fortalecer a confiança, assim como assar a massa do bolo para torná-lo delicioso.

5. Vender – Decorando o bolo

Agora é a hora de transformar *leads* em clientes. Você oferece soluções que atendam às necessidades deles. Isso é como decorar o bolo, tornando-o atraente e irresistível.

6. Encantar – Servindo o bolo

Após o bolo estar pronto, é hora de servir e encantar os convidados. Aqui, você surpreende seus clientes com um ótimo atendimento, suporte e informações valiosas. Isso ajuda a construir um relacionamento duradouro.

7. CRM – A receita secreta

O CRM (*Customer Relationship Management*) é como a receita secreta que você usa para manter o bolo fresco por mais tempo. É um sistema que ajuda a gerenciar as informações dos clientes, lembrar suas preferências e oferecer um atendimento personalizado.

O *Inbound Marketing* é como criar um bolo delicioso do zero. Você atrai, nutre e encanta as pessoas, construindo relacionamentos saborosos ao longo do tempo. O e-mail marketing é como a mistura especial que mantém o bolo incrivelmente gostoso, enquanto o CRM garante que cada fatia seja feita sob medida para cada pessoa.

Quais as ferramentas de Inbound Marketing

Existem várias ferramentas disponíveis para auxiliar na implementação bem-sucedida de estratégias de *Inbound Marketing*. Essas ferramentas abrangem diversas áreas, desde a criação de conteúdo até a automação de marketing e a análise de dados. Aqui estão algumas das principais categorias de ferramentas de *Inbound Marketing* e exemplos dentro de cada categoria.

Gestão de conteúdo WordPress: uma plataforma de gerenciamento de conteúdo popular que permite criar e publicar *blogs* e páginas de maneira fácil.

HubSpot CMS: um sistema de gerenciamento de conteúdo projetado especificamente para o *Inbound Marketing*, oferecendo ferramentas para criação e otimização de conteúdo.

Automação de marketing HubSpot: uma plataforma de automação de marketing que abrange várias áreas, incluindo e-mail marketing, automação de fluxo de trabalho, análise e muito mais.

Mailchimp: uma ferramenta de automação de marketing que facilita o envio de e-mails segmentados e personalizados para os *leads*.

Sharpspring: uma ferramenta de automação de marketing que facilita o envio de e-mails segmentados e personalizados para os *leads*.

RD Station: uma ferramenta brasileira de automação de marketing que facilita o envio de e-mails segmentados e personalizados para os *leads*.

Análise e rastreamento

Google Analytics: uma ferramenta de análise *web* poderosa que rastreia o tráfego do site, o comportamento do usuário e outras métricas importantes.

HubSpot Analytics: além das funcionalidades de automação, a HubSpot oferece recursos robustos de análise para medir o desempenho de suas estratégias de *Inbound Marketing*.

SEO (Otimização de mecanismos de busca)

Moz: uma ferramenta abrangente de SEO que ajuda a analisar palavras-chave, melhorar a otimização de conteúdo e acompanhar o desempenho de classificação nos mecanismos de busca.

SEMrush: uma plataforma de marketing digital que fornece *insights* sobre palavras-chave, concorrentes e análise de tráfego.

Social Media Management (gerenciamento de mídias sociais)

Buffer: uma ferramenta que permite agendar postagens em várias redes sociais, monitorar o engajamento e analisar o desempenho das campanhas.

Hootsuite: uma plataforma de gerenciamento de mídia social que oferece agendamento de postagens, monitoramento de menções e análise de desempenho.

O Scup Social é uma ferramenta de monitoramento de redes sociais que ajuda empresas a compreender seu mercado, público e concorrentes. Ela permite gerenciar e analisar várias plataformas, como Facebook, Twitter e LinkedIn. Ao traçar uma estratégia, o Scup Social faz o monitoramento, identifica tendências, participa de conversas e melhora campanhas.

O **mLabs** oferece diversas funções para monitorar redes sociais, como agendar *posts*, responder mensagens e analisar métricas. Ele simplifica a organização com um painel visual e permite que outras pessoas convidadas também agendem *posts* e gerem relatórios. A aprovação de conteúdos é facilitada, inclusive com a possibilidade de ajustes pelos próprios clientes.

A **Etus** é uma das maiores ferramentas de gestão de redes sociais na América Latina. Ela permite agendar *posts*, responder a interações de clientes (SACs), gerar relatórios e muito mais. A plataforma oferece suporte 24 horas e um período de teste gratuito de 7 dias no primeiro cadastro.

Criação de conteúdo

Canva: uma ferramenta de design gráfico que permite criar imagens visualmente atraentes para o conteúdo do *Inbound Marketing*. Também permite gestão de redes sociais.

Grammarly: uma ferramenta de correção gramatical e ortográfica que ajuda a melhorar a qualidade do conteúdo escrito.

Lead Generation (geração de *leads*)

Leadpages: uma plataforma que permite criar páginas de destino otimizadas para conversão. Ela oferece modelos prontos, testes A/B e integrações com ferramentas de automação de marketing.

HubSpot: além de suas funcionalidades completas de automação de marketing, o HubSpot oferece ferramentas para criar formulários, *pop-ups* e *landing pages* que auxiliam na geração de *leads*.

Unbounce: similar ao Leadpages, o Unbounce permite criar páginas de destino de alta conversão, com foco em capturar informações dos visitantes.

Sumo: oferece uma variedade de ferramentas para ajudar na captura de *leads*, como *pop-ups*, barras de inscrição, caixas de seleção e integração com plataformas de e-mail marketing.

OptinMonster: concentra-se em conversão e captação de *leads* por meio de *pop-ups*, barras de notificação e outras formas de chamadas de ação.

Hello Bar: ferramenta simples que permite criar barras de notificação, *pop-ups* e formulários para coletar *leads*.

ConvertKit: especializada em ajudar criadores de conteúdo a construir sua lista de e-mails com formulários, *landing pages* e automação.

GetResponse: além das funcionalidades de e-mail marketing, a GetResponse oferece opções de *landing pages* e formulários para a geração de *leads*.

Landingi: plataforma de criação de *landing pages* que também auxilia na geração de *leads* por meio de formulários e CTAs.

Instapage: ferramenta para criar *landing pages* personalizadas, formulários e *pop-ups* para capturar *leads*.

WhatsApp também é uma excelente ferramenta para captura, vendas e relacionamento:

O WhatsApp é uma plataforma de mensagens instantâneas extremamente popular que também pode ser utilizada para a geração de *leads*. Embora não seja uma ferramenta tradicional para isso, empresas podem aproveitar recursos específicos para envolver e capturar *leads* por meio do WhatsApp Business. Aqui estão algumas maneiras de utilizar o WhatsApp para a geração de *leads*:

WhatsApp Business: o WhatsApp Business é uma versão do aplicativo destinada a empresas. Ele permite criar um perfil comercial, fornecer informações sobre o seu negócio e interagir com os clientes. Você pode aproveitar a função de "catálogo" para exibir seus produtos e serviços.

Atendimento ao cliente: use o WhatsApp para oferecer um atendimento rápido e personalizado aos clientes. Isso não apenas fortalecerá o relacionamento, mas também pode levar a oportunidades de venda.

Respostas automáticas: utilize respostas automáticas para responder instantaneamente a perguntas frequentes e direcionar os clientes para informações importantes, como formulários de inscrição.

Grupos de *broadcast*: você pode criar grupos de *broadcast* para enviar mensagens em massa a uma lista de contatos. No entanto, é importante ter cuidado para não ser excessivamente invasivo ou ser considerado *spam*.

Links de convite: compartilhe *links* de convite para que os clientes possam entrar em grupos ou listas de transmissão específicos para receber atualizações e ofertas.

Clique para conversar: coloque botões "Clique para Conversar" em seu site ou redes sociais, direcionando os visitantes diretamente para uma conversa no WhatsApp.

Anúncios e promoções: promova ofertas especiais ou descontos exclusivos por meio do WhatsApp para atrair interessados a compartilhar informações de contato.

Enquetes e pesquisas: crie enquetes interativas para envolver os clientes e, ao mesmo tempo, coletar informações valiosas.

Formulários de inscrição: compartilhe *links* para formulários de inscrição no WhatsApp, permitindo que os interessados forneçam seus dados de contato.

É importante lembrar que, ao usar o WhatsApp para a geração de *leads*, é fundamental obter o consentimento dos usuários antes de enviar mensagens ou armazenar seus dados. Respeitar a privacidade e oferecer valor genuíno são práticas essenciais para construir um relacionamento positivo com os clientes.

Essas são apenas algumas das muitas ferramentas disponíveis para apoiar as estratégias de *Inbound Marketing*. A escolha das ferramentas certas depende das necessidades específicas da sua empresa e das estratégias que você deseja implementar.

No resumo deste capítulo sobre Inteligência Artificial (IA) no marketing, podemos destacar o seguinte:

A IA está transformando radicalmente a maneira como as empresas abordam o marketing. Ela oferece ferramentas e técnicas avançadas que permitem às empresas coletar, analisar e usar dados de maneira mais eficaz para tomar decisões informadas e personalizar suas estratégias de marketing.

As principais aplicações da IA no marketing incluem a análise de dados para compreender o comportamento do cliente, a automação de campanhas de marketing, a personalização de conteúdo e oferta, a otimização de publicidade digital e a melhoria da experiência do cliente.

A IA também desempenha um papel fundamental na identificação de tendências de mercado, na previsão de demanda e na criação de *insights* valiosos para orientar as estratégias de marketing.

À medida que a IA continua a evoluir, espera-se que seu impacto no marketing se intensifique, impulsionando a eficiência, a eficácia e a capacidade de as empresas se conectarem de forma mais profunda com seus clientes. Para aproveitar ao máximo a IA no marketing, as empresas precisam investir em talentos qualificados e abraçar a inovação tecnológica.

CAPÍTULO 6
Internet das Coisas

A Internet das Coisas (IoT) e a Inteligência Artificial (IA) estão profundamente interligadas e frequentemente trabalham juntas para criar sistemas mais avançados e eficientes. Ambas são tecnologias disruptivas que têm o potencial de transformar diversos setores, desde a indústria até a vida cotidiana das pessoas.

A Internet das Coisas (IoT) se refere à interconexão de dispositivos físicos do mundo real à Internet, permitindo que eles coletem, transmitam e compartilhem dados entre si e com sistemas de computadores. Esses dispositivos, também conhecidos como "coisas", podem variar desde eletrodomésticos e veículos até sensores industriais e dispositivos médicos. A IoT visa criar um ambiente onde objetos cotidianos se tornem "inteligentes" ao estarem conectados à Internet, permitindo a comunicação e a troca de informações sem a necessidade de intervenção humana direta.

A Internet das Coisas (IoT), também conhecida como *Internet of Things,* não é mais um conceito distante; ela já faz parte do nosso cotidiano em constante expansão. Você provavelmente já utiliza dispositivos que exemplificam o poder da IoT, como seu celular, que é muito mais do que um telefone. Ele é uma câmera, uma plataforma para aplicativos, um despertador, um acesso ao e-mail e às redes sociais, e até mesmo uma ferramenta de edição de textos e imagens.

Além disso, dispositivos como *smart* TVs também demonstram as funcionalidades da IoT. Essas TVs se conectam à Internet, permitindo que você acesse e-mails, redes sociais, e até mesmo sincronize-as com seu computador e celular, ou até mesmo com eletrodomésticos mais modernos, como uma geladeira. Tudo isso é possível por meio da Internet.

Até mesmo os carros não escaparam dessa revolução. Os veículos modernos estão equipados com recursos como *bluetooth*, conectividade com a Internet, alertas de e-mail, informações sobre o trânsito e localização em tempo real.

Esses são apenas alguns exemplos que evidenciam como a Internet das Coisas já está entrelaçada em nosso dia a dia. Não é mais uma visão futurista, mas uma realidade que permeia nossas vidas. Hoje, podemos estudar, interagir, comprar e até mesmo trabalhar por meio de dispositivos conectados.

Resumidamente, a IoT refere-se à conexão e comunicação entre objetos físicos e o usuário, tudo isso possível por meio da Internet, sensores inteligentes e *softwares*. Essa revolução não conhece limites e cada vez mais objetos terão essa capacidade.

Nas empresas, a Internet das Coisas pode transformar até mesmo a produção, permitindo que máquinas de diversos setores se comuniquem, compartilhem dados e até mesmo tomem decisões autônomas. Imagine o impacto positivo disso em seu negócio.

O que são essas "coisas" afinal? Elas podem ser geladeiras, carros, máquinas industriais, tratores, computadores, *smartphones*, televisores e até mesmo roupas. É um ecossistema de máquinas que se comunicam, interagem e trabalham em conjunto, enquanto você lê este artigo. Essa rede de dispositivos visa proporcionar conforto, satisfação, produtividade, informação e praticidade às pessoas, além de gerar lucratividade para as empresas.

Quando um número crescente desses dispositivos inteligentes está integrado ao ambiente doméstico, você tem uma casa mais inteligente e funcional. Empresas inteligentes utilizam a IoT para criar produtos inteligentes; e as cidades inteligentes já são uma realidade.

Olhando para o futuro, em 2023, estima-se que haverá cerca de 41,76 bilhões de dispositivos conectados à IoT. Para se ter uma ideia, em 2017, já havia mais coisas inteligentes conectadas do que pessoas no mundo. A informação é de Renato Pasquini, Conselheiro Consultivo da Associação Brasileira de Internet das Coisas (Abinc) e vice-presidente da Pesquisa IoT, Edge e Serviços Digitais da Frost & Sullivan, ao apresentar resultados de um trabalho de campo realizado em 2022, com cerca de 600 empresas, com objetivo de identificar as necessidades dos defensores de tecnologia, prioridades de negócio, novas tendências e as diferenças do período da pandemia até agora.

A IoT é uma característica intrínseca ao ser humano, que sempre buscou inserir inteligência nos objetos que utilizamos. É um fenômeno da transformação digital, uma transição crucial para empresas em todo o mundo, incluindo as brasileiras. Conforme os objetos se tornam mais receptivos aos nossos desejos e necessidades, a IoT se expande, trazendo uma comunicação ativa, automática e contínua.

Como podemos aproveitar as oportunidades que a IoT oferece? A aplicação da IoT em nossas vidas diárias resulta em maior produtividade, menor custo, conexões mais amplas e eliminação de barreiras culturais e geográficas. Dispositivos inteligentes estão disponíveis para auxiliar em nossas tarefas, o que, por si só, abre inúmeras possibilidades.

Um exemplo prático é o uso de dispositivos e sistemas de controle de ponto. Eles coletam e integram informações sobre a rotina dos colaboradores em tempo real, seja por meio de REP ou *smartphones*, transmitindo dados para bancos de dados na nuvem. Isso reduz os custos das empresas e oferece conforto aos trabalhadores que precisam registrar suas entradas e saídas.

Na indústria, máquinas inteligentes conectadas permitem maior lucratividade e produtividade, sem riscos ou perdas, graças a processos de controle, manutenção e melhoria digital. A fábrica só para se os gestores desejarem!

O mercado demanda empresas que produzam soluções focadas na integração e conexão de objetos. Isso abre um mundo de oportunidades para empreendedores, clientes e investidores.

Portanto, a IoT não é mais uma visão distante do futuro. Ela já permeia nosso presente e moldará nosso futuro, trazendo inovação, eficiência e uma nova maneira de interagir com o mundo ao nosso redor.

Aqui estão alguns pontos chave sobre a Internet das Coisas

Conectividade

A Internet das Coisas (IoT) é uma abordagem que promove a interconexão de dispositivos através da Internet, possibilitando a comunicação entre eles e com sistemas de computadores. Essa interconexão cria uma rede de dispositivos que podem coletar, trocar e compartilhar informações de maneira eficiente, abrindo caminho para uma série de aplicações inovadoras.

Uma das tecnologias fundamentais da IoT é a conectividade sem fio. Dispositivos IoT frequentemente se comunicam por meio de tecnologias como Wi-Fi, *bluetooth* e RFID (Identificação por radiofrequência). O Wi-Fi é amplamente utilizado para conectar dispositivos a redes locais e à Internet, permitindo a transferência de dados em alta velocidade. O *bluetooth* é comumente empregado em dispositivos que precisam se comunicar a curtas distâncias, como fones de ouvido sem fio e dispositivos de rastreamento. A tecnologia RFID é usada para identificar e rastrear objetos usando etiquetas que emitem sinais de rádio.

Além disso, a IoT também envolve o uso de protocolos de comunicação específicos para garantir que os dispositivos possam se entender e trocar informações de maneira eficaz. Esses protocolos definem regras e padrões para a transmissão e recepção de dados, garantindo uma comunicação consistente e confiável.

A IoT tem uma ampla variedade de aplicações em diversos setores. Na indústria, por exemplo, a IoT pode ser usada para monitorar o desempenho de máquinas e equipamentos em tempo real, permitindo a detecção precoce de falhas e a otimização da produção. Na agricultura, sensores IoT podem monitorar o solo, a umidade e outros fatores para otimizar a irrigação e o cultivo de plantas. No contexto urbano, a IoT pode ser usada para criar cidades inteligentes, com sistemas de iluminação, tráfego e gerenciamento de resíduos otimizados.

No entanto, a IoT também apresenta desafios, como questões de segurança e privacidade dos dados, gerenciamento de grandes volumes de informações e interoperabilidade entre dispositivos de diferentes fabricantes.

A IoT é uma abordagem que envolve a interconexão de dispositivos através da Internet, permitindo a troca de informações e comunicação entre eles. Isso é facilitado por tecnologias sem fio, como Wi-Fi e *bluetooth*, e protocolos de comunicação específicos. A IoT tem uma ampla gama de aplicações e oferece a oportunidade de transformar a maneira como interagimos com o mundo ao nosso redor.

Coleta de dados:

Os dispositivos IoT têm a capacidade de coletar uma ampla gama de dados provenientes de sensores e dispositivos embutidos. Esses dados podem abranger informações como temperatura, umidade, pressão, localização geográfica, movimento, nível de luz e muito mais. A coleta de dados é uma das características fundamentais da IoT e é o que permite que os dispositivos interconectados obtenham informações valiosas do ambiente ao seu redor.

Esses dados coletados pelos dispositivos IoT são transmitidos para sistemas de processamento e análise. Isso é frequentemente feito por meio de conexões de rede, como Wi-Fi, *bluetooth* ou redes celulares. Os dados são encaminhados para servidores ou plataformas de nuvem, onde são armazenados e processados para gerar *insights* significativos.

A coleta de dados é essencial para aproveitar os benefícios da IoT. Esses dados podem ser usados para monitorar e controlar processos em tempo real. Por exemplo, sensores em equipamentos industriais podem coletar informações sobre seu desempenho e condições operacionais, permitindo que os operadores monitorem o status e identifiquem problemas potenciais.

Além disso, os dados coletados pela IoT podem ser analisados para obter *insights* significativos. A análise desses dados pode revelar padrões, tendências e relações entre variáveis, permitindo a tomada de decisões informadas. Por exemplo, dados de sensores ambientais em uma fazenda podem ser analisados para determinar o melhor momento para irrigação, com base nas condições climáticas e no estado do solo.

A coleta de dados pela IoT também é crucial para a criação de sistemas de aprendizado de máquina e Inteligência Artificial. Os algoritmos de IA podem ser treinados usando grandes conjuntos de dados coletados pela IoT para realizar tarefas como previsão, classificação e reconhecimento de padrões.

No entanto, a coleta de dados pela IoT também traz desafios, como a necessidade de garantir a qualidade e a precisão dos dados coletados, bem como a questão da privacidade e segurança dos dados sensíveis.

A coleta de dados é uma parte fundamental da IoT, permitindo que dispositivos interconectados obtenham informações do ambiente ao seu redor por meio de sensores e dispositivos embutidos. Esses dados são transmitidos para sistemas de processamento e análise, onde podem ser usados para monitoramento em tempo real, análise de dados e treinamento de algoritmos de IA. A coleta de dados pela IoT tem o potencial de revolucionar várias indústrias, permitindo uma tomada de decisões mais informada e eficaz.

Análise de dados

Os dados coletados pelos dispositivos IoT desempenham um papel fundamental na geração de *insights* significativos por meio de processamento e análise. Esses dados são encaminhados para sistemas de computadores, servidores ou plataformas de nuvem, onde passam por processos de análise para extrair informações relevantes.

A análise de dados da IoT envolve o uso de algoritmos de Inteligência Artificial e técnicas de aprendizado de máquina. Esses algoritmos são projetados para identificar padrões, tendências e correlações nos dados coletados, mesmo em conjuntos de dados complexos e volumosos. À medida que mais dados são coletados ao longo do tempo, os algoritmos podem ajustar e refinar suas análises, resultando em *insights* mais precisos.

Essa análise pode revelar informações valiosas para os empreendedores. Por exemplo, em ambientes industriais, sensores IoT que monitoram máquinas podem identificar padrões de desempenho que indicam desgaste ou falhas iminentes. Isso permite que as equipes de manutenção realizem intervenções preventivas, minimizando o tempo de inatividade e os custos associados.

Além disso, a análise de dados da IoT pode ser usada para otimizar processos. Sensores em uma cadeia de suprimentos, por exemplo, podem rastrear movimentações de produtos e identificar gargalos ou atrasos, permitindo ajustes para garantir uma operação mais eficiente.

A análise também pode ser aplicada em setores como saúde e agricultura. Sensores de saúde conectados a pacientes podem monitorar sinais vitais e enviar alertas para profissionais médicos em caso de anomalias. No setor agrícola, a análise de dados de sensores pode ajudar a determinar o momento ideal para irrigação, aplicação de fertilizantes e colheita, melhorando a produtividade e a eficiência.

No entanto, a análise de dados da IoT também enfrenta desafios, como a qualidade dos dados coletados, a necessidade de lidar com grandes volumes de informações e a garantia da segurança e privacidade dos dados sensíveis.

Em resumo, os dados coletados pela IoT passam por processamento e análise por meio de algoritmos de Inteligência Artificial e aprendizado de máquina. Essa análise revela padrões, tendências e *insights* valiosos que podem ser usados para otimizar processos, tomar decisões informadas e melhorar a eficiência em diversos setores. A análise de dados da IoT tem o potencial de impulsionar a inovação e a tomada de decisões mais inteligentes.

Tomada de decisões

A Internet das Coisas (IoT) desempenha um papel fundamental na tomada de decisões automatizadas, aproveitando os *insights* derivados da análise de dados para otimizar processos e interações. Com base nas informações coletadas e analisadas, os dispositivos IoT podem tomar decisões em tempo real, ajustando-se às condições em mudança e às preferências dos usuários.

Essa capacidade de tomar decisões automatizadas é especialmente evidente em dispositivos conectados, como termostatos inteligentes. Por exemplo, um termostato IoT pode coletar dados sobre a temperatura ambiente, as preferências do usuário, os padrões de uso e até mesmo as condições meteorológicas externas. Com base nessas informações, o termostato pode ajustar automaticamente a temperatura para manter um ambiente confortável, enquanto economiza energia.

Além disso, a tomada de decisões automatizadas da IoT pode ser aplicada em muitos outros cenários. Em ambientes industriais, sensores IoT podem monitorar o desempenho de máquinas e tomar decisões para otimizar a produção, como ajustar a velocidade de uma linha de montagem com base na demanda. Na agricultura, sistemas de irrigação IoT podem decidir quando e quanto irrigar com base nas condições do solo e do clima.

No setor de varejo, a IoT pode permitir a reposição automática de estoques. Sensores IoT em prateleiras podem monitorar os níveis de produtos e, quando detectam que um item está com estoque baixo, podem gerar automaticamente um pedido de reposição.

No entanto, é importante destacar que a tomada de decisões automatizadas pela IoT também traz desafios. A precisão das análises de dados, a confiabilidade dos dispositivos e a consideração de fatores éticos são aspectos críticos a serem abordados. Além disso, em muitos casos, é necessário um equilíbrio entre a automação e a intervenção humana, especialmente em situações complexas ou críticas.

A IoT possibilita a tomada de decisões automatizadas com base nas análises de dados em tempo real. Essa capacidade permite que dispositivos conectados ajustem-se de forma inteligente às condições do ambiente e às preferências dos usuários. No entanto, é necessário considerar a precisão dos dados, a confiabilidade dos dispositivos e a ética para garantir que as decisões automatizadas sejam eficazes e responsáveis.

Automação

A Internet das Coisas (IoT) desempenha um papel crucial na automação de processos e tarefas em diversos setores. A capacidade de conectar dispositivos, sensores e sistemas por meio da IoT permite que as empresas automatizem operações de forma mais eficiente e precisa, resultando em melhorias significativas em produtividade, qualidade e eficácia.

Um exemplo notável de automação através da IoT ocorre na indústria. Fábricas e plantas de produção podem implantar sensores IoT em suas máquinas e equipamentos para monitorar o desempenho em tempo real. Se um sensor detectar uma falha ou um desvio nos parâmetros operacionais, ele pode enviar um alerta imediatamente. Com base nesses alertas, sistemas automatizados podem tomar medidas corretivas, como parar a máquina afetada para evitar danos mais graves ou para evitar interrupções na produção. Isso não apenas minimiza o tempo de inatividade, mas também prolonga a vida útil dos equipamentos.

Outra aplicação é a automação em ambientes domésticos, conhecidos como "casas inteligentes". Por exemplo, um sistema de segurança IoT pode detectar a ausência dos moradores e automaticamente trancar portas, ativar sistemas de alarme e ajustar as configurações de iluminação. Isso não apenas aumenta a segurança, mas também simplifica a rotina diária dos moradores.

No setor de agricultura, sensores IoT podem monitorar a umidade do solo e as condições climáticas. Com base nesses dados, sistemas automatizados podem controlar a irrigação, garantindo que as plantas recebam a quantidade ideal de água. Isso aumenta a eficiência do uso de recursos e melhora o rendimento das colheitas.

No entanto, a automação pela IoT também exige cuidados na implementação. É essencial garantir que os sistemas automatizados sejam projetados para operar de maneira confiável e segura. Além disso, é importante considerar as implicações éticas e de privacidade, especialmente quando a automação envolve decisões que afetam a vida das pessoas.

A IoT é usada para automatizar processos e tarefas em diversos setores, desde a indústria até o ambiente doméstico. Sensores IoT monitoram o desempenho e as condições, permitindo que sistemas automatizados tomem ações corretivas ou executem tarefas específicas de maneira eficiente. No entanto, é fundamental garantir a confiabilidade, segurança e considerações éticas ao implementar a automação pela IoT.

Interconexão

A interconexão, habilitada pela Internet das Coisas (IoT), cria um cenário onde dispositivos podem trocar informações e colaborar de maneira significativa. Essa comunicação entre dispositivos leva à formação de sistemas complexos, nos quais cada componente desempenha um papel único e contribui para um objetivo comum.

Imagine um ambiente residencial inteligente, onde sensores de movimento, termostatos, luzes e eletrodomésticos interconectados trabalham juntos para criar uma experiência otimizada. Quando um sensor de movimento detecta a presença de alguém, ele comunica essa informação para o sistema, que pode então ajustar automaticamente as luzes e a temperatura para o nível preferido do usuário. Essa ação coordenada entre os dispositivos resulta em maior eficiência energética e conforto para o mesmo.

Em um contexto industrial, dispositivos interconectados podem monitorar máquinas e processos de produção. Sensores podem coletar dados sobre a temperatura, pressão e funcionamento das máquinas e transmitir essas informações para um sistema central. Se alguma anomalia for detectada, o sistema pode tomar medidas imediatas, como interromper a operação ou enviar alertas para os operadores. Essa colaboração entre os dispositivos permite uma produção mais eficiente e confiável.

Além disso, a interconexão entre dispositivos também pode ser usada para aprimorar a segurança e a vigilância. Câmeras de segurança interconectadas podem compartilhar informações sobre atividades suspeitas em uma área, permitindo uma resposta mais rápida e coordenada das autoridades.

No entanto, essa interconexão também traz desafios, especialmente em relação à segurança cibernética e à privacidade dos dados. Dispositivos interconectados podem ser alvos de ataques cibernéticos, comprometendo a integridade dos sistemas e a segurança das informações.

A interconexão é uma característica central da IoT, permitindo que dispositivos se comuniquem e colaborem para atingir objetivos específicos. Essa colaboração entre dispositivos leva a sistemas mais inteligentes, eficientes e adaptáveis, transformando a maneira como interagimos com o mundo ao nosso redor.

Aplicações diversas

A Internet das Coisas (IoT) tem uma presença abrangente em diversos setores, influenciando a forma como vivemos, trabalhamos e interagimos com o ambiente ao nosso redor.

Saúde: na área da saúde, a IoT está revolucionando a prestação de cuidados médicos. Dispositivos médicos conectados, como monitores de frequência cardíaca e medidores de glicose, permitem o monitoramento remoto de pacientes, transmitindo dados em tempo real para médicos e profissionais de saúde. Isso possibilita diagnósticos mais rápidos, tratamentos personalizados e uma intervenção precoce em caso de emergências.

Transporte: no setor de transporte, a IoT está transformando a mobilidade urbana e a logística. Sensores integrados em veículos e sistemas de tráfego podem monitorar o tráfego em tempo real, otimizar rotas para economizar tempo e combustível e até mesmo facilitar a condução autônoma. Além disso, as cidades inteligentes podem usar dados da IoT para melhorar o transporte público e reduzir o congestionamento.

Indústria: na indústria, a IoT impulsiona a automação e a eficiência. Fábricas e instalações industriais estão implementando sensores para monitorar a saúde de máquinas, prever falhas e otimizar a produção. A manutenção preditiva baseada em dados da IoT reduz os tempos de inatividade não planejados e melhora a eficiência operacional.

Agricultura: na agricultura moderna, a IoT desempenha um papel vital. Sensores de solo e clima monitoram condições agrícolas, permitindo que os agricultores tomem decisões informadas sobre irrigação, plantio e colheita. A IoT também habilita a pecuária de precisão, rastreando a saúde e o bem-estar dos animais.

Casa inteligente: a IoT tem levado a uma revolução nas casas inteligentes, onde dispositivos conectados permitem o controle remoto de luzes, termostatos, eletrodomésticos e sistemas de segurança. Isso não só aumenta o conforto, mas também contribui para economia de energia e segurança.

Cidades inteligentes: a IoT é um pilar das cidades inteligentes, onde sistemas integrados de sensores coletam dados para melhorar a eficiência dos serviços públicos. Isso inclui monitoramento do uso de energia, gerenciamento de resíduos, iluminação pública eficiente e melhorias na mobilidade urbana.

Essas são apenas algumas das muitas aplicações da IoT em diversos setores. À medida que a tecnologia continua a evoluir, a IoT continuará a impactar positivamente nossa vida diária, trazendo inovações e melhorias significativas em várias áreas.

Desafios de segurança e privacidade

A Internet das Coisas (IoT) apresenta desafios importantes no que diz respeito à segurança e à privacidade dos dados. A interconexão dos dispositivos em rede pode amplificar as vulnerabilidades e, consequentemente, elevar o risco de ataques cibernéticos e invasões de segurança.

A diversidade dos dispositivos IoT, combinada com a proliferação de diferentes padrões de segurança, cria um ambiente propício para brechas e pontos fracos. Dispositivos mais antigos, por exemplo, podem não possuir atualizações de segurança recentes, tornando-os mais suscetíveis a explorações por parte de *hackers*. Além disso, muitos dispositivos IoT são projetados para serem eficientes em termos de energia e recursos, o que pode resultar em medidas de segurança mais fracas.

Outro desafio é a coleta massiva de dados pessoais pelos dispositivos IoT, que muitas vezes ocorre de forma invisível para os usuários. Isso levanta preocupações sobre a privacidade dos dados, especialmente quando informações sensíveis estão envolvidas. A análise desses dados também pode levar à identificação de padrões de comportamento e hábitos pessoais, o que, em mãos erradas, pode ser explorado para fins maliciosos.

A complexidade da rede de dispositivos interconectados também pode dificultar a detecção de atividades suspeitas ou anomalias. As empresas e os usuários podem ter dificuldade em identificar e responder a ataques, o que aumenta o potencial de danos significativos.

Os desafios de segurança e privacidade são uma realidade inerente à adoção da IoT. É crucial que os fabricantes, empresas e reguladores colaborem para estabelecer padrões robustos de segurança, garantindo que os benefícios da IoT sejam aproveitados sem comprometer a integridade dos sistemas e a privacidade dos indivíduos.

A Internet das Coisas tem o potencial de transformar a maneira como interagimos com o mundo ao nosso redor, tornando as operações mais eficientes, melhorando a tomada de decisões e criando novas oportunidades em diversos setores.

Para você entender melhor, elaborei um exemplo:

Imagine que você tenha um jardim em casa e gostaria de cuidar das plantas de maneira mais eficiente. A Internet das Coisas pode ajudar nesse cenário.

Vamos supor que você tenha um conjunto de sensores inteligentes instalados no seu jardim. Esses sensores podem medir coisas, como umidade do solo, temperatura, intensidade da luz solar e até mesmo a quantidade de nutrientes no solo. Cada sensor está conectado à Internet por meio do Wi-Fi.

Aqui está como a Internet das Coisas pode ser aplicada no seu jardim

Medição de umidade: o sensor de umidade do solo detecta quanto a terra está úmida. Se estiver muito seco, o sensor envia um sinal para o seu *smartphone* por meio de um aplicativo específico.

Controle de irrigação: com base na informação do sensor, você pode configurar um sistema de irrigação inteligente. Quando o sensor detectar que a umidade está abaixo do limite desejado, ele pode automaticamente acionar o sistema de irrigação para regar suas plantas.

Ajuste de iluminação: outro sensor mede a quantidade de luz solar que suas plantas estão recebendo. Se estiver abaixo do ideal, você pode ter um sistema de iluminação inteligente que liga automaticamente para fornecer luz adicional.

Alertas e notificações: se você estiver longe de casa, receberá notificações em seu telefone caso algo esteja fora do padrão. Por exemplo, se a temperatura subir repentinamente, você será informado.

Otimização de nutrientes: sensores de nutrientes no solo podem monitorar os níveis de nutrientes das plantas. Com base nesses dados, você pode adicionar fertilizantes apenas quando necessário.

Economia de recursos: a combinação de sensores e ações automáticas ajuda a economizar água, energia elétrica e tempo, já que você não precisa regar ou iluminar manualmente.

Resultados melhores: ao ajustar as condições do ambiente de acordo com as necessidades das plantas em tempo real, suas plantas têm maior probabilidade de prosperar.

Essa aplicação da Internet das Coisas torna seu jardim mais inteligente e eficiente. Sensores, conectividade e automação trabalham juntos para criar um ambiente onde suas plantas recebem exatamente o que precisam, quando precisam. Isso é apenas um exemplo de como a IoT pode ser usada no dia a dia para facilitar nossas vidas e melhorar a maneira como interagimos com o mundo ao nosso redor.

Agora um exemplo para negócios:

Vamos considerar um cenário em que uma empresa de logística utiliza a Internet das Coisas para melhorar suas operações de transporte e entrega.

Aplicação da IoT em logística: monitoramento de frotas

Imagine uma empresa que possui uma frota de caminhões que fazem entregas de mercadorias. Eles decidem incorporar a Internet das Coisas para otimizar suas operações:

Sensores de localização: cada caminhão é equipado com sensores GPS que transmitem sua localização em tempo real para um sistema central. Isso permite que a empresa saiba exatamente onde cada caminhão está a qualquer momento.

Monitoramento de condições: além da localização, sensores dentro dos caminhões podem monitorar condições ambientais como temperatura e umidade. Isso é especialmente útil para mercadorias sensíveis, como produtos perecíveis ou medicamentos.

Manutenção preditiva: sensores nos componentes mecânicos dos caminhões podem monitorar o desgaste e o funcionamento. Se um sensor detectar um problema em potencial, a equipe de manutenção pode ser alertada antes que ocorra uma quebra.

Roteamento inteligente: com base nos dados de localização em tempo real, a empresa pode otimizar as rotas dos caminhões para evitar congestionamentos e atrasos.

Monitoramento de cargas: sensores podem monitorar o manuseio das cargas nos caminhões. Se uma carga frágil for manuseada com brusquidão, a empresa será notificada.

Alertas e notificações: a equipe de atendimento ao cliente pode receber informações em tempo real sobre o *status* das entregas, permitindo que eles forneçam atualizações precisas aos clientes.

Eficiência de combustível: sensores de consumo de combustível podem ajudar a empresa a otimizar a eficiência do consumo de combustível e a reduzir os custos operacionais.

Análise de dados: todos os dados coletados podem ser analisados para identificar padrões e tendências, ajudando a empresa a tomar decisões mais informadas e aprimorar suas operações.

Redução de custos e melhoria do serviço: a combinação de monitoramento em tempo real e automação resulta em operações mais eficientes, reduzindo custos de manutenção, melhorando o atendimento ao cliente e evitando atrasos nas entregas.

Essa aplicação da IoT na logística exemplifica como as empresas podem utilizar a conectividade, sensores e análise de dados para melhorar suas operações, otimizar recursos e fornecer um serviço mais eficiente aos clientes.

A Internet das Coisas (IoT) emerge como uma revolução tecnológica que conecta dispositivos, sistemas e ambientes, criando um ecossistema interconectado. Através da interação de dispositivos com sensores e capacidade de comunicação, a IoT permite a coleta, análise e compartilhamento de dados em tempo real. Isso resulta em inúmeras aplicações impactantes em diversos setores, como saúde, transporte, indústria, agricultura, casas inteligentes e cidades inteligentes.

A IoT promove a automação, otimização e personalização, melhorando a eficiência operacional, a tomada de decisões e a qualidade de vida. No entanto, também apresenta desafios notáveis, incluindo preocupações com segurança, privacidade e padronização. Superar esses desafios exige colaboração entre empresas, governos e a sociedade, para garantir que os benefícios da IoT sejam alcançados sem comprometer a segurança e a privacidade.

À medida que a IoT continua a evoluir, sua capacidade de transformar a maneira como vivemos, trabalhamos e interagimos é inegável. Com a expansão das conexões e a crescente gama de dispositivos conectados, a IoT está pavimentando o caminho para um futuro mais inteligente e conectado, redefinindo as fronteiras do possível e abrindo oportunidades empolgantes para inovação e progresso tecnológico.

CAPÍTULO 7
Robótica: qual a relação com a IA, conceito, aplicações e benefícios

A relação entre robótica e Inteligência Artificial (IA) é profunda e interdependente. Ambas as áreas estão ligadas por seus objetivos comuns de automatizar tarefas, melhorar a eficiência e capacitar sistemas para realizar ações complexas. Aqui está como a robótica e a Inteligência Artificial se relacionam.

1. Automação inteligente

A integração da Inteligência Artificial com a robótica resulta na automação inteligente, onde os robôs são capazes de tomar decisões e executar tarefas de maneira autônoma. A Inteligência Artificial confere aos robôs a capacidade de processar informações, interpretar dados do ambiente e ajustar suas ações com base nesses dados. Esse nível de automação é particularmente vantajoso em cenários onde as condições são variáveis, complexas ou incertas.

A Inteligência Artificial capacita os robôs a analisar dados em tempo real e a tomar decisões informadas com base nessa análise. Isso é especialmente útil em ambientes dinâmicos, como a indústria ou a logística, onde as condições podem mudar rapidamente. Os robôs podem ajustar suas ações de acordo com as informações mais recentes, garantindo a eficiência e a precisão das operações.

A capacidade dos robôs de interpretar dados do ambiente é crucial em tarefas que exigem interação com o mundo físico. Por exemplo, robôs autônomos que navegam em ambientes desconhecidos usam sensores e sistemas de visão computacional para detectar obstáculos e planejar rotas seguras. A Inteligência Artificial permite que esses robôs tomem decisões instantâneas com base nas informações que recebem, evitando colisões e navegando de maneira eficaz.

Além disso, a Inteligência Artificial permite a aprendizagem de máquina, onde os robôs podem melhorar seu desempenho ao longo do tempo por meio da análise contínua de dados e experiências passadas. Isso é particularmente valioso em cenários onde a complexidade é alta e as respostas não são completamente previsíveis. Os robôs podem adaptar suas estratégias com base nas informações que acumulam, melhorando sua eficácia ao longo do tempo.

No entanto, é importante observar que a automação inteligente requer um planejamento cuidadoso e testes rigorosos. Os algoritmos de Inteligência Artificial devem ser treinados e ajustados para garantir que tomem decisões corretas e não comprometam a segurança. Além disso, os sistemas devem ser projetados para permitir a intervenção humana quando necessário, especialmente em situações complexas ou imprevistas.

A automação inteligente, resultante da combinação de robótica e Inteligência Artificial, permite que os robôs tomem decisões e executem tarefas de maneira autônoma. Isso é especialmente útil em cenários onde as condições são variáveis, complexas ou incertas. A capacidade de processar informações, interpretar dados do ambiente e aprender com a experiência torna os robôs mais eficientes e adaptáveis, contribuindo para a automação eficaz de uma variedade de tarefas.

2. Aprendizado de máquina:

O aprendizado de máquina é uma subárea da Inteligência Artificial que desempenha um papel fundamental no aprimoramento das capacidades dos robôs. Essa abordagem permite que os sistemas aprendam e melhorem suas habilidades com base em dados, resultando em um nível mais elevado de eficiência, precisão e adaptabilidade ao longo do tempo.

No contexto da robótica, o aprendizado de máquina capacita os robôs a melhorar suas tarefas e processos. Um exemplo prático é um robô industrial que executa tarefas de montagem. Inicialmente, o robô pode executar as tarefas com uma determinada precisão. No entanto, ao coletar dados sobre o processo, como o tempo necessário para cada etapa e a qualidade do produto final, o robô pode usar algoritmos de aprendizado de máquina para analisar esses dados e ajustar seus movimentos e abordagens.

Com o tempo, o robô pode otimizar seus movimentos para atingir maior precisão e eficiência na montagem. Ele aprende quais ações e velocidades resultam nos melhores resultados, refinando continuamente suas habilidades. Isso é especialmente útil em tarefas que envolvem tolerâncias apertadas ou detalhes complexos, onde pequenos ajustes podem fazer a diferença na qualidade do produto final.

Além disso, o aprendizado de máquina também permite que os robôs se adaptem a novas situações e desafios. Por exemplo, um robô autônomo que navega em ambientes desconhecidos pode usar o aprendizado de máquina para analisar dados sensoriais e aprender a identificar obstáculos e caminhos seguros. À medida que o robô encontra novos cenários, ele pode aplicar o conhecimento adquirido para tomar decisões informadas sobre a navegação.

No entanto, é importante observar que o aprendizado de máquina requer dados de treinamento de alta qualidade e algoritmos bem ajustados para alcançar resultados eficazes. Além disso, a segurança é uma consideração crítica ao implementar o aprendizado de máquina em robôs, especialmente quando estão envolvidos em ambientes compartilhados com seres humanos.

O aprendizado de máquina é uma ferramenta poderosa que permite que os robôs aprimorem suas habilidades e desempenho com base em dados. Essa abordagem é valiosa para otimizar tarefas, adaptar-se a novas situações e atingir níveis mais elevados de precisão e eficiência ao longo do tempo.

3. Visão computacional:

A visão computacional é uma aplicação da Inteligência Artificial que desempenha um papel fundamental na capacidade dos sistemas, incluindo robôs, de interpretar informações visuais, como imagens e vídeos. Essa tecnologia permite que os robôs compreendam o mundo ao seu redor por meio da análise de dados visuais, abrindo portas para uma variedade de aplicações e funcionalidades.

Os sistemas de visão computacional utilizam algoritmos complexos para analisar imagens e identificar padrões, objetos e características. Por exemplo, um robô equipado com visão computacional pode ser capaz de detectar objetos específicos em seu ambiente, distinguindo entre diferentes tipos de objetos com base em características visuais.

Essa capacidade é particularmente valiosa em tarefas como a manipulação de objetos em ambientes industriais. Um robô que precisa selecionar e classificar produtos em uma linha de produção pode usar a visão computacional para identificar as características visuais dos itens e tomar decisões com base nesses dados. Isso resulta em maior precisão e eficiência na realização de tarefas complexas.

Além disso, a visão computacional permite que os robôs naveguem em ambientes complexos. Robôs autônomos, como os usados em exploração espacial ou em ambientes industriais desafiadores, podem usar sistemas de visão para analisar o terreno, identificar obstáculos e planejar rotas seguras. Isso é especialmente útil em ambientes em que a navegação baseada apenas em sensores mecânicos seria limitada.

A visão computacional também é aplicada em tarefas de reconhecimento e identificação. Por exemplo, robôs podem ser treinados para reconhecer e diferenciar rostos humanos, permitindo a interação mais natural com as pessoas. Além disso, essa tecnologia pode ser usada em aplicações médicas, como a análise de imagens de exames para identificar doenças ou anomalias.

No entanto, a visão computacional pode apresentar desafios, como a necessidade de grande poder de processamento e dados de treinamento adequados para garantir precisão e confiabilidade. Além disso, a interpretação de imagens pode ser afetada por variações de iluminação, ângulos de visão e outros fatores ambientais.

A visão computacional é uma aplicação poderosa da Inteligência Artificial que permite que os robôs interpretem e compreendam informações visuais. Essa capacidade é usada em uma variedade de aplicações, incluindo a detecção de objetos, a navegação em ambientes complexos e o reconhecimento de padrões. A visão computacional expande as funcionalidades dos robôs, tornando-os mais capazes de interagir com o mundo físico de maneira sofisticada e precisa.

4. Tomada de decisões complexas

A capacidade de tomada de decisões complexas é uma das características mais valiosas que a Inteligência Artificial confere aos robôs. Essa capacidade permite que os robôs analisem dados, considerem diferentes variáveis e selecionem a melhor opção em situações desafiadoras e multifacetadas.

Em muitos casos, os robôs precisam tomar decisões rápidas e precisas em ambientes dinâmicos. Por exemplo, em aplicações industriais, um robô pode precisar decidir qual ação tomar em uma linha de produção com base em dados sensoriais em tempo real. A Inteligência Artificial permite que o robô processe esses dados, identifique padrões e faça escolhas que otimizem a eficiência e a qualidade do processo.

Além disso, a tomada de decisões complexas é essencial em cenários onde há múltiplas opções disponíveis e diferentes variáveis a serem consideradas. Por exemplo, um robô autônomo navegando em um ambiente desconhecido deve avaliar diferentes rotas possíveis, considerando fatores como distância, obstáculos, riscos e tempo. A Inteligência Artificial permite que o robô analise essas variáveis e selecione a rota mais eficiente e segura.

A tomada de decisões complexas também é valiosa em tarefas que envolvem interação com seres humanos. Por exemplo, robôs usados em assistência médica podem tomar decisões sobre a administração de medicamentos com base em dados médicos e histórico do paciente. Isso exige a análise de várias informações e a seleção da abordagem mais adequada para garantir a segurança e o bem-estar do paciente.

No entanto, a tomada de decisões complexas também apresenta desafios, como a necessidade de algoritmos sofisticados, dados precisos e a consideração de ética e segurança. Os sistemas de Inteligência Artificial devem ser projetados para evitar decisões prejudiciais ou perigosas e para permitir a intervenção humana quando necessário.

A capacidade de tomada de decisões complexas conferida pela Inteligência Artificial é fundamental para os robôs enfrentarem cenários desafiadores e multifacetados. Isso permite que os robôs analisem dados, considerem variáveis e escolham a melhor opção em tempo real, otimizando processos industriais, navegação autônoma e interações com seres humanos. A tomada de decisões complexas expande o potencial dos robôs para operar de maneira eficiente e eficaz em uma ampla gama de contextos.

5. Interação com humanos

A capacidade de interação com seres humanos de maneira natural é uma área crucial em que a Inteligência Artificial desempenha um papel significativo para melhorar a relação entre humanos e robôs. A IA capacita os robôs a compreender e responder a interações humanas, tornando a comunicação e colaboração mais intuitivas e eficazes.

Uma aplicação importante da IA na interação com humanos é o reconhecimento de fala. Os robôs podem usar algoritmos de processamento de sinais de áudio para identificar palavras e frases faladas pelos seres humanos. Isso permite que os robôs compreendam comandos verbais, respondam a perguntas e forneçam informações com base no que foi dito. Essa capacidade é usada em assistentes virtuais, *chatbots* e sistemas de atendimento ao cliente automatizados.

Além disso, a IA é usada no processamento de linguagem natural, permitindo que os robôs compreendam e interpretem textos escritos ou falados. Isso é valioso para a comunicação em linguagem humana, pois os robôs podem entender as intenções por trás das palavras e responder de maneira coerente. Isso é especialmente útil em interações que envolvem perguntas complexas ou contextos variados.

A compreensão de gestos é outra área em que a IA aprimora a interação humano-robô. Os robôs podem usar sensores de visão ou movimento para identificar gestos humanos, como acenos ou acenos de cabeça. Isso permite que os robôs interpretem as intenções dos humanos e respondam de maneira adequada, tornando a comunicação mais natural e intuitiva.

A capacidade de interagir com humanos de maneira mais natural também é usada em robôs de companhia e assistentes pessoais. Por exemplo, robôs que interagem com idosos podem usar IA para detectar expressões faciais e emoções, permitindo uma resposta sensível e empática. Isso é benéfico para melhorar a qualidade de vida e o bem-estar dos indivíduos.

No entanto, a interação humano-robô também apresenta desafios, como a necessidade de garantir que os robôs compreendam adequadamente a linguagem e os gestos humanos e respondam de maneira precisa e relevante. Além disso, questões éticas e de privacidade devem ser consideradas ao implementar sistemas de interação humano-robô.

A Inteligência Artificial é usada para capacitar os robôs a interagir com seres humanos de maneira mais natural, incluindo o reconhecimento de fala, processamento de linguagem natural e compreensão de gestos. Essas habilidades tornam a comunicação e colaboração mais intuitivas, melhorando a relação entre humanos e robôs em uma variedade de cenários, desde assistentes virtuais até robôs de companhia.

6. Desenvolvimento de robôs cognitivos:

O desenvolvimento de robôs cognitivos é um marco importante na interseção da robótica e da Inteligência Artificial. Esses robôs são projetados para ir além das tarefas mecânicas tradicionais e imitar certos aspectos do pensamento humano, como processamento de informações complexas, aprendizado com experiências passadas e tomada de decisões baseada em raciocínio lógico.

Uma das características distintivas dos robôs cognitivos é sua capacidade de processar informações de maneira mais sofisticada. Eles podem analisar e interpretar dados complexos provenientes de várias fontes, como sensores e bancos de dados, para chegar a conclusões informadas. Isso permite que esses robôs entendam contextos complexos e ajam de acordo com essa compreensão.

Além disso, os robôs cognitivos são capazes de aprender com suas experiências passadas. Assim como os seres humanos, eles podem adaptar suas respostas e comportamentos com base em *feedback* e resultados anteriores. Isso permite que os robôs melhorem com o tempo, otimizando suas ações e tomando decisões mais precisas.

A tomada de decisões baseada em raciocínio lógico é outra característica fundamental dos robôs cognitivos. Eles podem avaliar várias opções, considerar diferentes variáveis e escolher a ação mais apropriada com base em um processo de análise e dedução. Isso é particularmente útil em situações que requerem avaliação complexa e consideração de múltiplos fatores.

Os robôs cognitivos têm aplicações em várias áreas, como assistência médica, atendimento ao cliente, manufatura avançada e muito mais. Por exemplo, um robô cognitivo em um ambiente de atendimento ao cliente pode analisar as interações com os clientes, aprender com elas e melhorar as respostas e soluções fornecidas ao longo do tempo. Isso resulta em um atendimento mais eficiente e personalizado.

No entanto, o desenvolvimento de robôs cognitivos também apresenta desafios, como a necessidade de algoritmos avançados de Inteligência Artificial, treinamento de dados complexos e a consideração de questões éticas e de segurança, especialmente quando esses robôs interagem com seres humanos.

Os robôs cognitivos representam uma evolução significativa na interação entre robótica e Inteligência Artificial. Eles possuem a capacidade de processar informações complexas, aprender com experiências e tomar decisões com base em raciocínio lógico, tornando-os mais semelhantes ao pensamento humano. Esses robôs têm uma ampla gama de aplicações e potencial para melhorar a eficiência, personalização e qualidade das interações em várias indústrias.

Em resumo, a robótica e a Inteligência Artificial estão intrinsecamente ligadas, trabalhando juntas para criar sistemas autônomos e adaptáveis capazes de realizar tarefas complexas. A IA fornece as ferramentas para aprimorar as capacidades dos robôs, permitindo que eles processem informações, aprendam com experiências e tomem decisões de maneira inteligente, tornando-os mais eficientes e versáteis em uma variedade de aplicações.

A crescente integração de novas tecnologias tem revolucionado a vida em sociedade, proporcionando ferramentas que facilitam atividades humanas. Um exemplo notável é a robótica, cuja ampla aplicação abrange setores como produção industrial, medicina e exploração espacial. Vamos explorar o conceito de robótica, seus benefícios e as diversas áreas em que desempenha um papel fundamental.

O conceito de robótica

A robótica representa um campo de estudo e aplicação que se concentra no desenvolvimento e aprimoramento de tecnologias ligadas à criação e operação de robôs. Um robô é uma entidade mecânica ou eletrônica projetada para executar tarefas de forma automática, sem intervenção direta de seres humanos para cada etapa do processo. Essas tarefas podem variar em complexidade, abrangendo desde atividades simples até operações altamente intrincadas e especializadas.

No coração da robótica estão os circuitos integrados, que permitem que os robôs executem suas ações programadas. Esses circuitos, também conhecidos como *chips*, contêm microprocessadores e componentes eletrônicos que atuam como o cérebro dos robôs. Eles processam informações, tomam decisões com base nas instruções programadas e coordenam os movimentos e operações do robô.

Embora os robôs possam realizar tarefas de maneira independente, eles permanecem sob a supervisão e controle humanos. Os humanos determinam as ações que os robôs realizarão por meio da programação, configurando um conjunto de instruções que orientam o comportamento do robô em várias situações. Essa programação pode variar desde sequências simples de movimentos até algoritmos complexos que envolvem decisões lógicas e análises de dados em tempo real.

A robótica desempenha um papel vital em inúmeras indústrias e campos. Além das aplicações industriais, ela é fundamental na medicina, onde robôs cirúrgicos realizam procedimentos delicados, com precisão, reduzindo os riscos associados às intervenções humanas. Na exploração espacial, robôs são empregados para investigar planetas e executar tarefas que seriam perigosas ou impraticáveis para humanos. Além disso, a robótica tem impacto na educação, promovendo o aprendizado das habilidades STEM (áreas de ciência, tecnologia, engenharia e matemática) e preparando as gerações futuras para um mundo tecnológico em constante evolução.

Em resumo, a robótica é um campo multidisciplinar que envolve concepção, programação e operação de robôs para executar uma variedade de tarefas humanas. Esses dispositivos automatizados, controlados por meio de circuitos integrados e programas, são ferramentas poderosas que transformaram muitos aspectos da sociedade moderna, trazendo eficiência, precisão e novas possibilidades para uma ampla gama de setores.

Funções e aplicações

1. Indústria

A introdução da robótica na indústria provocou uma transformação profunda em como os processos de fabricação e produção são conduzidos. A automação, uma das facetas mais notáveis da robótica, trouxe consigo uma série de mudanças benéficas para as operações industriais.

Uma das vantagens mais evidentes da automação robótica é a redução dos custos operacionais. Os robôs são capazes de executar tarefas repetitivas 24 horas por dia, 7 dias por semana, sem a necessidade de pausas para descanso ou demandas trabalhistas. Isso resulta em uma maior utilização dos recursos e uma produção mais eficiente em termos de tempo.

Além disso, a introdução de robôs nas linhas de produção reduz significativamente a intervenção humana em tarefas monótonas e repetitivas. Isso não apenas libera os trabalhadores para atividades mais criativas e cognitivamente desafiadoras, como também melhora as condições de trabalho ao minimizar a exposição a ambientes perigosos e a riscos ocupacionais.

Outra contribuição fundamental da automação é o aumento da eficiência. Os robôs podem executar tarefas com alta precisão e consistência, eliminando erros humanos que podem ocorrer em processos manuais. Isso resulta em uma redução de retrabalho e desperdício de materiais, contribuindo para uma operação mais enxuta e produtiva.

Um dos impactos mais notáveis da robótica é a capacidade de alcançar uma produção em massa mais ágil e precisa. Os robôs podem ser programados para trabalhar em velocidades constantes e precisas, resultando em uma produção mais uniforme e previsível. Além disso, os tempos de configuração são reduzidos, permitindo que as empresas mudem rapidamente de um produto para outro, atendendo à demanda do mercado de forma mais eficaz.

Em síntese, a robótica trouxe uma revolução para a indústria ao permitir a automação de processos. Essa automação resulta em redução de custos, aumento da eficiência e diminuição da intervenção humana em tarefas repetitivas e perigosas. A consequência é uma produção em massa mais ágil, precisa e eficiente, que contribui para a competitividade e a excelência das operações industriais.

2. Medicina

Na área da medicina, a integração da robótica representa um avanço significativo que está transformando a forma como procedimentos cirúrgicos são conduzidos. Especificamente, a aplicação de robôs em cirurgias de alta precisão oferece vantagens cruciais para cirurgiões e pacientes, elevando os padrões de segurança e resultados positivos.

A utilização de robôs cirúrgicos permite aos cirurgiões realizar intervenções complexas com maior precisão e meticulosidade. Os robôs são dotados de instrumentos extremamente precisos e articulados, que podem executar movimentos delicados e intrincados com uma estabilidade que supera a capacidade das mãos humanas. Isso é particularmente valioso em cirurgias que envolvem tecidos sensíveis ou áreas anatomicamente desafiadoras.

Um dos principais benefícios da robótica cirúrgica é a possibilidade de controlar remotamente os robôs. Isso significa que os cirurgiões podem realizar procedimentos de maneira mais confortável, sem a necessidade de ficarem diretamente ao lado da mesa de operação. Essa distância é especialmente útil em procedimentos que demandam incisões pequenas e precisas, permitindo aos cirurgiões alcançarem áreas difíceis de maneira mais eficaz.

Além disso, a tecnologia robótica minimiza os riscos associados às intervenções cirúrgicas. Os movimentos dos robôs são estabilizados, eliminando tremores involuntários que podem ocorrer nas mãos humanas. Isso reduz a possibilidade de danos a tecidos saudáveis e ajuda a minimizar o risco de complicações durante a cirurgia.

Outra contribuição valiosa da robótica cirúrgica é a visualização aprimorada. Câmeras de alta resolução instaladas nos robôs oferecem uma visão ampliada e tridimensional do local da cirurgia, permitindo aos cirurgiões uma percepção detalhada e abrangente do procedimento em tempo real.

O resultado final é uma melhoria nos resultados para os pacientes. A precisão da robótica reduz a necessidade de incisões grandes, o que, por sua vez, leva a tempos de recuperação mais curtos, menos dor pós-operatória e menor risco de infecção. Além disso, os pacientes podem esperar resultados mais consistentes e eficazes.

Em resumo, a aplicação da robótica na medicina, especialmente em procedimentos cirúrgicos de alta precisão, representa um avanço notável. Ao permitir que cirurgiões realizem operações complexas com segurança e precisão aprimoradas, a robótica cirúrgica contribui para um novo patamar de cuidados de saúde, onde a tecnologia complementa e aprimora as habilidades humanas em prol da saúde e do bem-estar dos pacientes.

3. Exploração espacial

A presença de robôs na exploração espacial representa um marco fundamental no avanço da tecnologia, permitindo a humanidade aprofundar nossa compreensão do cosmos de maneiras inimagináveis. A utilização de robôs em ambientes espaciais hostis e desafiadores traz consigo uma série de vantagens que são cruciais para a exploração e pesquisa além do nosso planeta.

Um dos principais benefícios da implementação de robôs na exploração espacial é sua capacidade de operar em condições inóspitas e perigosas que seriam prejudiciais para os seres humanos. Em ambientes espaciais, como a superfície lunar ou a superfície de planetas como Marte, a exposição a radiações, temperaturas extremas e vácuo do espaço sideral é extremamente prejudicial à saúde humana. Os robôs podem ser projetados para resistir a essas condições e conduzir operações em locais que seriam letais para humanos.

A coleta de dados científicos é um dos principais papéis desempenhados pelos robôs na exploração espacial. Eles podem ser equipados com uma variedade de instrumentos e sensores especializados para analisar a composição química, a atmosfera e a geologia de planetas e corpos celestes. Esses dados fornecem informações vitais para a compreensão da história e evolução do sistema solar e do universo.

Outra função importante dos robôs espaciais é a capacidade de movimentar objetos e realizar tarefas que seriam impossíveis para os seres humanos em ambientes de microgravidade. Eles podem transportar amostras de solo ou materiais, montar estruturas e até mesmo realizar experimentos que exigiriam manipulações complexas.

Além disso, os robôs espaciais têm o potencial de consertar e manter equipamentos em ambientes de difícil acesso. Por exemplo, eles podem ser usados para realizar reparos em satélites em órbita, estender a vida útil de missões espaciais e manter a funcionalidade de equipamentos críticos.

Um dos exemplos notáveis de robôs espaciais são os *rovers*, enviados para Marte, como o Mars Rover, da NASA. Esses *rovers* são capazes de explorar a superfície do planeta, coletar amostras e transmitir dados valiosos de volta à Terra.

4. Assistência médica:

Além de sua aplicação na cirurgia, a robótica desempenha um papel cada vez mais importante na área da assistência médica, abrindo portas para inovações notáveis, como na área da fisioterapia. A utilização de robôs na reabilitação de pacientes tem demonstrado resultados promissores, oferecendo uma abordagem moderna e eficaz para ajudar os pacientes a recuperar a mobilidade e a força após lesões ou cirurgias.

Um dos principais benefícios da robótica na fisioterapia é a capacidade de fornecer terapia altamente personalizada. Os robôs podem ser programados para se adaptarem às necessidades específicas de cada paciente, ajustando a intensidade e o tipo de exercícios conforme a evolução do tratamento. Isso permite uma abordagem mais direcionada e eficiente, que visa otimizar os resultados de reabilitação.

Os robôs utilizados na fisioterapia são equipados com sensores e tecnologias avançadas que permitem monitorar o progresso do paciente de maneira precisa. Eles podem medir a amplitude de movimento, a força muscular e outros parâmetros relevantes, fornecendo dados objetivos que orientam a equipe médica na tomada de decisões informadas sobre o tratamento.

Uma característica importante dos robôs de reabilitação é sua capacidade de fornecer *feedback* em tempo real aos pacientes. Isso é particularmente valioso, pois permite que os pacientes ajustem seus movimentos imediatamente, corrigindo qualquer desalinhamento ou erro. O *feedback* instantâneo ajuda a otimizar a execução dos exercícios, maximizando os benefícios terapêuticos.

Além disso, os robôs de reabilitação podem oferecer uma variedade de exercícios e atividades que seriam difíceis de reproduzir manualmente. Essa diversidade de opções contribui para manter os pacientes engajados e motivados ao longo do processo de reabilitação, melhorando a adesão ao tratamento.

Vale destacar também a segurança proporcionada pela robótica na fisioterapia. Os robôs podem fornecer suporte físico aos pacientes, prevenindo quedas ou movimentos inadequados que poderiam agravar as lesões. Isso é particularmente relevante para pacientes que estão se recuperando de cirurgias ou lesões que afetaram sua capacidade de se movimentar com segurança.

5. Educação

A incorporação da robótica na educação desempenha um papel crucial no desenvolvimento dos alunos, proporcionando-lhes oportunidades únicas para adquirir habilidades fundamentais nas áreas de ciência, tecnologia, engenharia e matemática (STEM). À medida que vivemos em uma sociedade cada vez mais orientada pela tecnologia, a robótica emerge como uma ferramenta pedagógica poderosa para preparar os estudantes para os desafios e demandas do mundo moderno.

A robótica educacional vai além de ensinar teoria; ela envolve os alunos em experiências práticas e interativas, promovendo o aprendizado ativo e a resolução de problemas. Ao projetar, montar e programar robôs, os alunos estão imersos em tarefas práticas que os desafiam a aplicar conceitos STEM (ciência, tecnologia, engenharia e matemática) de maneira tangível. Isso incentiva o pensamento crítico, a criatividade e a habilidade de encontrar soluções para situações complexas.

Além disso, a robótica oferece aos alunos a oportunidade de trabalhar em equipe e aprimorar suas habilidades de colaboração. Muitos projetos robóticos são realizados em grupos, o que requer comunicação eficaz, divisão de tarefas e cooperação para alcançar objetivos comuns. Essas habilidades são essenciais em ambientes de trabalho modernos, onde a colaboração interdisciplinar é valorizada.

A robótica também ajuda a tornar as disciplinas STEM mais acessíveis e interessantes para uma ampla gama de alunos. A natureza prática e visual da robótica cativa o interesse dos estudantes e os motiva a explorar conceitos matemáticos e científicos de maneira mais envolvente. Os robôs servem como uma ponte entre teoria e aplicação, tornando o aprendizado mais tangível e relevante.

Outro benefício da robótica na educação é sua capacidade de abordar a diversidade de estilos de aprendizagem. Alunos com diferentes formas de abordar o aprendizado, como os visuais, cinestésicos e auditivos, podem encontrar na robótica uma maneira de se envolver com o conteúdo de maneira que melhor se adapte às suas preferências.

Por fim, a exposição à robótica na educação também pode incentivar mais jovens a considerarem carreiras nas áreas STEM. Ao experimentar a empolgação e os desafios da robótica desde cedo, os alunos podem ser inspirados a seguir caminhos profissionais relacionados à tecnologia, engenharia e ciências, contribuindo para futuras gerações de inovadores e líderes.

6. Espaços domésticos

Os robôs estão gradualmente se tornando presença comum em nossas residências, desempenhando funções que variam desde a limpeza até a assistência a idosos. Essa integração da robótica em ambientes domésticos está promovendo melhorias tangíveis na qualidade de vida, ao aliviar os moradores de tarefas rotineiras e proporcionar maior conveniência e eficiência.

Um exemplo notável é a utilização de robôs de limpeza, como os aspiradores automáticos. Esses dispositivos autônomos são projetados para percorrer os ambientes, detectar sujeira e poeira, e realizar a limpeza de forma eficaz. Eles eliminam a necessidade de realizar essa tarefa manualmente, liberando tempo e energia para atividades mais significativas.

Além da limpeza, os robôs também estão se destacando na manutenção de tarefas domésticas, como cortar a grama ou lavar janelas. Eles podem executar essas tarefas de maneira autônoma e precisa, proporcionando resultados consistentes e poupando os moradores do esforço físico associado a essas atividades.

Outra aplicação emocionante é a assistência a idosos e pessoas com mobilidade reduzida. Robôs podem desempenhar funções de monitoramento, auxílio na locomoção e até mesmo oferecer companhia. Isso é particularmente importante para a autonomia e bem-estar de idosos, permitindo que eles permaneçam independentes em suas casas por mais tempo.

A automação de tarefas rotineiras por meio de robôs também contribui para reduzir o estresse e a fadiga dos moradores. Ao delegar essas atividades a robôs, as pessoas podem dedicar mais tempo a atividades que lhes proporcionam satisfação e melhorar sua qualidade de vida geral.

Vale ressaltar que a integração de robôs em ambientes domésticos ainda está em evolução e enfrenta desafios técnicos e de aceitação. No entanto, as soluções robóticas estão se tornando mais sofisticadas e acessíveis, o que promete uma maior adoção no futuro.

Benefícios da robótica

1. Empreendedorismo

A presença da robótica no cenário empreendedor oferece um terreno fértil para a inovação e a criação de soluções revolucionárias para desafios do mercado. A capacidade dos robôs de automatizar processos, melhorar a eficiência e resolver problemas complexos abre portas para profissionais que buscam criar impacto e explorar oportunidades em diversos setores.

O empreendedorismo na robótica envolve o desenvolvimento de produtos e serviços que atendam às necessidades emergentes do mercado. Desde robôs industriais especializados até soluções para a vida cotidiana, empreendedores podem criar produtos que otimizam processos, melhoram a qualidade de vida e abrem caminhos para novos paradigmas. Essa busca por inovação está no cerne do empreendedorismo em robótica.

A educação em robótica desempenha um papel fundamental na capacitação de profissionais e estudantes para entrar nesse campo em expansão. Ao fornecer conhecimentos em programação, *design* e operação de robôs, a educação em robótica prepara os alunos para integrar eficazmente a automação em processos industriais. Isso é particularmente relevante em um mundo cada vez mais orientado para a tecnologia, onde a capacidade de trabalhar com robôs se torna uma habilidade valiosa.

Os programas educacionais em robótica não apenas fornecem habilidades técnicas, mas também incentivam o pensamento crítico, a resolução de problemas e a criatividade. Essas habilidades são essenciais para abordar desafios complexos e desenvolver soluções inovadoras que atendam às necessidades do mercado.

Além disso, a educação em robótica incentiva a formação de equipes multidisciplinares, uma vez que projetos robóticos frequentemente envolvem a colaboração de profissionais com diferentes especialidades. Isso espelha o ambiente empreendedor, onde equipes diversas podem trazer perspectivas únicas e colaborar na criação de soluções abrangentes.

A robótica oferece um terreno fértil para o empreendedorismo, onde a inovação e a criação de soluções impactantes são incentivadas. A educação em robótica desempenha um papel vital, capacitando profissionais a integrarem robôs em processos industriais e preparando-os para explorar oportunidades em um mundo tecnologicamente avançado. Combinando conhecimentos técnicos, habilidades de resolução de problemas e criatividade, os empreendedores em robótica estão moldando o futuro e impulsionando a transformação em diversos setores.

2. Inovação

A área da robótica é um campo que valoriza e exige a criatividade e o pensamento inovador. Trabalhar com robótica não se trata apenas de aplicar conhecimentos técnicos; é também um processo criativo que envolve o desenvolvimento de projetos complexos, o planejamento de soluções inovadoras e a execução de ideias criativas para atingir objetivos específicos.

Os projetos de robótica são verdadeiras manifestações de criatividade. Ao projetar um robô para realizar uma determinada tarefa, os engenheiros e criadores precisam conceber soluções originais que se adaptem às especificidades do problema em questão. Isso envolve pensar fora dos padrões convencionais e encontrar maneiras únicas de abordar desafios técnicos complexos.

A fase de planejamento é uma etapa essencial em projetos de robótica, onde a criatividade desempenha um papel crucial. Os profissionais devem projetar o funcionamento do robô, definir as especificações, selecionar os componentes e criar estratégias para alcançar os objetivos. Essa fase exige a imaginação para visualizar o produto final e a inovação para conceber abordagens originais para cada componente do projeto.

A execução criativa é o ponto onde os planos se tornam realidade. Transformar um conceito em um robô funcional requer o uso de várias habilidades, incluindo programação, eletrônica, mecânica e muito mais. Nesse processo, os criadores enfrentam desafios inesperados e precisam adaptar suas soluções, muitas vezes improvisando e encontrando maneiras criativas de superar obstáculos.

Além disso, a robótica estimula as habilidades de resolução de problemas de uma maneira única. Os robôs são sistemas complexos que podem enfrentar problemas técnicos e operacionais imprevistos. Resolver esses problemas exige uma abordagem criativa, onde os profissionais precisam analisar a situação, identificar soluções alternativas e escolher a melhor estratégia para superar o obstáculo.

A robótica também incentiva a aprendizagem contínua e a experimentação. A natureza em constante evolução da tecnologia robótica requer que os profissionais estejam dispostos a explorar novos conceitos, tecnologias e métodos. Isso promove a criatividade, já que os profissionais estão constantemente desafiados a encontrar maneiras melhores e mais eficazes de realizar tarefas.

3. Novas oportunidades

A ascensão da robótica como uma disciplina central na indústria 4.0 está criando um terreno fértil para o surgimento de novas carreiras e oportunidades profissionais. A complexidade das tarefas e desafios que a robótica aborda valoriza uma série de competências que são altamente procuradas nesse cenário tecnológico em constante evolução.

A investigação é uma habilidade essencial na robótica, uma vez que muitos projetos envolvem a exploração de tecnologias emergentes, a compreensão de conceitos avançados e a análise aprofundada de problemas técnicos. Os profissionais de robótica são incentivados a serem curiosos e proativos, buscando continuamente soluções inovadoras e aprofundando seus conhecimentos para manter-se atualizados em um campo em constante mudança.

A cooperação é outra habilidade valorizada na robótica. Os projetos muitas vezes envolvem equipes multidisciplinares, onde engenheiros, programadores, *designers* e outros especialistas colaboram para criar soluções abrangentes. A capacidade de trabalhar em equipe, comunicar-se eficazmente e integrar diferentes perspectivas é crucial para o sucesso na robótica, uma vez que as soluções frequentemente exigem uma abordagem holística.

A tomada de decisões é uma competência-chave, uma vez que os profissionais de robótica enfrentam constantemente escolhas críticas em relação ao design, estratégia de programação, seleção de componentes e muito mais. Essas decisões podem impactar significativamente o desempenho e a eficiência do robô, por isso a habilidade de avaliar opções, analisar riscos e escolher a melhor abordagem é essencial.

A robótica também incentiva o desenvolvimento de soluções complexas e inovadoras. À medida que os robôs são empregados em uma variedade de setores, desde a medicina até a indústria, os profissionais de robótica são desafiados a criar soluções que se adaptem a cenários únicos e resolvam problemas complexos. Isso requer criatividade, pensamento fora da caixa e a capacidade de aplicar conhecimentos técnicos de maneiras novas e originais.

A robótica está abrindo portas para novas carreiras que valorizam competências como investigação, cooperação, tomada de decisões e inovação. À medida que a indústria 4.0 continua a se expandir, profissionais de robótica são essenciais para impulsionar a inovação tecnológica, resolver problemas complexos e moldar o futuro da automação e da tecnologia. O campo da robótica é um espaço emocionante para aqueles que buscam desafios estimulantes, crescimento profissional e impacto no mundo moderno.

4. Maior produtividade

A robótica, para além de suas aplicações diretas em diversos setores, também oferece lições valiosas sobre a otimização do tempo e a organização eficiente das tarefas, resultando em maior produtividade e eficácia no ambiente de trabalho.

A automação e a programação de robôs exigem uma abordagem disciplinada e estratégica. Os profissionais que trabalham com robótica precisam planejar cuidadosamente os processos, definir etapas claras e garantir que todas as variáveis sejam consideradas. Esse enfoque meticuloso demonstra a importância de estabelecer uma rotina organizada e estruturada, onde cada tarefa é executada de forma eficiente.

Além disso, a robótica incentiva a reflexão sobre a alocação de recursos, um aspecto fundamental da produtividade. Ao projetar sistemas robóticos, os profissionais precisam considerar fatores como energia, tempo e materiais. Isso promove uma mentalidade de maximização de recursos, onde a otimização do uso de cada elemento é valorizada.

A robótica também ilustra como a integração de tecnologia pode simplificar processos e eliminar tarefas redundantes. Ao automatizar tarefas repetitivas, a robótica libera os profissionais para se concentrarem em atividades que exigem criatividade, tomada de decisões e intervenção humana única. Essa abordagem ressalta a importância de direcionar esforços para atividades de alto valor agregado.

As lições aprendidas na robótica sobre organização, otimização e alocação de recursos podem ser aplicadas a várias esferas do trabalho e da vida. Ao aprender com a abordagem disciplinada e estratégica da robótica, os indivíduos podem melhorar sua produtividade, tomar decisões mais informadas e alcançar resultados mais eficazes em todas as áreas de atuação.

Em resumo, a robótica não apenas traz avanços tecnológicos e aplicações práticas, mas também oferece ensinamentos valiosos sobre como otimizar o uso do tempo, organizar tarefas de maneira eficiente e aumentar a produtividade. As lições da robótica podem ser aplicadas a diversos contextos, promovendo uma abordagem mais estruturada e orientada para resultados em todos os aspectos da vida profissional e pessoal.

Quais são os benefícios da robótica e da IA para os negócios

A combinação da robótica com a Inteligência Artificial oferece uma série de benefícios significativos para o empreendedorismo. Essas tecnologias podem impulsionar a inovação, melhorar a eficiência operacional e criar novas oportunidades de negócios. Aqui estão alguns benefícios específicos para o empreendedorismo.

1. Automação de processos

A integração da robótica e da Inteligência Artificial oferece uma abordagem eficaz para a automação de uma variedade de processos, abrangendo desde a linha de produção até a interação com os clientes. Essa automação tem um impacto significativo nas operações das empresas, trazendo vantagens tangíveis que afetam positivamente a eficiência e a qualidade de seus produtos e serviços.

Um dos principais benefícios da automação é a redução dos custos operacionais. Ao substituir tarefas manuais e repetitivas por sistemas automatizados, as empresas podem eliminar erros humanos, reduzir o tempo necessário para concluir as atividades e minimizar a necessidade de mão de obra. Isso resulta em economias significativas, pois os processos automatizados são mais eficientes e consistentes, reduzindo desperdício e retrabalho.

Além disso, a automação melhora a qualidade e a consistência dos produtos e serviços. Os sistemas automatizados são programados para seguir padrões e especificações precisas, eliminando variações que podem ocorrer devido a fatores humanos. Isso resulta em produtos mais padronizados e serviços mais uniformes, o que, por sua vez, aumenta a satisfação do cliente e a reputação da empresa.

A automação também acelera a velocidade de produção e execução de tarefas. Os robôs e sistemas de Inteligência Artificial podem executar tarefas de maneira mais rápida e contínua do que os seres humanos, o que aumenta a produtividade geral. Isso é particularmente relevante em setores onde a rapidez é um fator crítico, como a manufatura e a logística.

Outra vantagem da automação é a capacidade de lidar com tarefas repetitivas e monótonas, liberando os funcionários para atividades mais estratégicas e criativas. Isso contribui para um ambiente de trabalho mais engajador e valoriza as habilidades humanas que envolvem tomada de decisões, pensamento crítico e criatividade.

No entanto, é importante considerar que a automação requer um planejamento cuidadoso e uma abordagem estratégica. A implementação bem-sucedida da automação exige a análise detalhada dos processos, a seleção adequada das tecnologias e a capacitação dos funcionários para trabalhar em conjunto com sistemas automatizados.

Em resumo, a automação de processos por meio da robótica e da Inteligência Artificial oferece às empresas a oportunidade de reduzir custos operacionais, melhorar a qualidade dos produtos e serviços e aumentar a velocidade de produção. Essa abordagem também permite a realocação de recursos humanos para tarefas mais complexas e estratégicas, promovendo um ambiente de trabalho mais eficiente e engajador. No entanto, a automação deve ser implementada com planejamento e consideração cuidadosos para garantir resultados bem-sucedidos.

2. Eficiência e produtividade

A combinação da robótica e da Inteligência Artificial oferece um cenário ideal para impulsionar a eficiência e a produtividade das operações empresariais. A automação, resultante dessa sinergia, permite que os empreendedores otimizem processos, alcancem um maior rendimento e realizem mais com menos recursos.

A automação robótica e da Inteligência Artificial é capaz de executar tarefas repetitivas e rotineiras de forma consistente e precisa, sem a necessidade de intervenção humana constante. Isso elimina a possibilidade de erros humanos e reduz o tempo necessário para completar tarefas. A eficiência é maximizada, uma vez que os sistemas automatizados podem operar 24 horas por dia, 7 dias por semana, sem a fadiga humana.

Além disso, a automação permite a otimização dos processos. Os algoritmos de Inteligência Artificial podem analisar dados e identificar padrões, fornecendo *insights* sobre a melhor maneira de conduzir operações. Os robôs podem ser programados para executar tarefas de maneira sequencial e coordenada, minimizando o tempo ocioso e garantindo que cada etapa seja executada no momento ideal.

Aumentar a eficiência e a produtividade não significa apenas realizar tarefas mais rapidamente, mas também aproveitar melhor os recursos disponíveis. A automação permite que as empresas utilizem seus recursos de maneira mais estratégica, redirecionando o tempo e a energia dos funcionários para atividades de maior valor agregado, como tomada de decisões, criatividade e inovação.

A eficiência e produtividade aprimoradas têm um impacto direto nos resultados financeiros das empresas. A automação ajuda a reduzir os custos operacionais, ao mesmo tempo em que aumenta a produção e a qualidade dos produtos ou serviços oferecidos. Isso resulta em margens de lucro mais saudáveis e em uma posição competitiva mais forte no mercado.

No entanto, é importante notar que a automação eficaz requer planejamento e investimento inicial. A integração de sistemas robóticos e de Inteligência Artificial exige conhecimento técnico, escolha das tecnologias adequadas e a capacitação da equipe para operar e manter esses sistemas.

A automação possibilitada pela robótica e Inteligência Artificial é um catalisador poderoso para aumentar a eficiência e produtividade das operações empresariais. Ao executar tarefas com precisão, otimizar processos e aproveitar recursos de maneira estratégica, os empreendedores podem alcançar um maior rendimento, melhorar os resultados financeiros e se destacar em um mercado competitivo.

3. Personalização em massa

A incorporação da Inteligência Artificial na estratégia empresarial possibilita uma abordagem de personalização em massa, onde os produtos e serviços podem ser adaptados de forma precisa às preferências individuais dos clientes. Esse nível de personalização é alcançado por meio da análise de dados e padrões de comportamento, permitindo que as empresas atendam às necessidades e desejos específicos de cada cliente.

A Inteligência Artificial é capaz de coletar e analisar grandes volumes de dados, identificando padrões sutis que podem revelar as preferências e comportamentos dos clientes. Com base nessas informações, as empresas podem criar perfis detalhados de cada cliente, compreendendo suas preferências de produtos, estilos, cores e até horários de compra. Esses *insights* valiosos capacitam as empresas a adaptar suas ofertas de forma precisa.

A personalização em massa permite que as empresas ofereçam produtos e serviços altamente relevantes e direcionados. Isso não apenas aumenta a satisfação do cliente, mas também fortalece o relacionamento entre a marca e o cliente. Quando os clientes sentem que suas preferências são compreendidas e atendidas, eles são mais propensos a se tornarem leais à marca e a se envolverem em transações recorrentes.

Além disso, a personalização em massa também melhora a eficácia do marketing e da publicidade. Ao conhecer as preferências individuais, as empresas podem segmentar suas campanhas de marketing de maneira mais precisa, direcionando mensagens e ofertas específicas para cada grupo de clientes. Isso aumenta a relevância das comunicações e a probabilidade de conversão.

A tecnologia de Inteligência Artificial também permite a personalização em tempo real. Isso significa que as empresas podem ajustar suas ofertas e recomendações instantaneamente à medida que novos dados são coletados. Por exemplo, um site de *e-commerce* pode exibir produtos relacionados com base nas preferências de navegação recentes do cliente, aumentando as chances de compra.

No entanto, é importante abordar a personalização com responsabilidade, considerando as preocupações com a privacidade dos dados. As empresas devem garantir que estão coletando e usando dados de forma ética e transparente, obtendo o consentimento dos clientes quando necessário.

A Inteligência Artificial possibilita a personalização em massa, permitindo que as empresas adaptem seus produtos e serviços de acordo com as preferências individuais dos clientes. Essa abordagem cria uma experiência mais relevante e satisfatória para os clientes, fortalecendo os relacionamentos e melhorando a eficácia do marketing. A personalização em massa é uma tendência que continuará a moldar o futuro dos negócios, melhorando a experiência do cliente e impulsionando os resultados empresariais.

4. Análise de dados avançada

A Inteligência Artificial desempenha um papel fundamental na análise avançada de dados, capacitando os empreendedores a extrair *insights* valiosos de grandes volumes de informações. Essa capacidade de processar dados em tempo real e identificar padrões sutis tem um impacto significativo na tomada de decisões informadas e na formulação estratégica de negócios.

A análise de dados avançada envolve o uso de algoritmos de Inteligência Artificial para identificar relações complexas e tendências nos dados. Essa abordagem vai além da simples coleta de informações e permite que os empreendedores compreendam os *insights* ocultos nos dados, revelando padrões que seriam difíceis de identificar por métodos tradicionais.

A Inteligência Artificial é capaz de processar grandes volumes de dados em velocidades impressionantes. Isso é particularmente relevante em um ambiente de negócios onde as informações são geradas constantemente, como em plataformas online, redes sociais e transações em tempo real. A capacidade de análise em tempo real permite que os empreendedores tomem decisões ágeis com base em informações atualizadas.

Os *insights* derivados da análise avançada de dados podem informar uma variedade de decisões de negócios, desde estratégias de marketing até desenvolvimento de produtos e alocação de recursos. Os empreendedores podem identificar padrões de comportamento do cliente, entender as preferências do mercado, prever tendências e até mesmo antecipar problemas potenciais.

Além disso, a análise avançada de dados ajuda a reduzir a incerteza nas decisões empresariais. Ao basear decisões em análises objetivas e dados concretos, os empreendedores podem minimizar os riscos associados a conjecturas e intuições. Isso leva a decisões mais informadas e fundamentadas, aumentando a probabilidade de sucesso.

No entanto, é importante ressaltar que a análise de dados avançada requer *expertise* técnica para interpretar os resultados.

Compreender as nuances da Inteligência Artificial e da análise de dados é fundamental para extrair *insights* precisos e relevantes. Além disso, a privacidade dos dados deve ser mantida, garantindo que a coleta e o uso dos dados estejam em conformidade com as regulamentações aplicáveis.

A análise de dados avançada facilitada pela Inteligência Artificial capacita os empreendedores a tomar decisões estratégicas baseadas em *insights* valiosos derivados de grandes volumes de informações. Essa abordagem melhora a tomada de decisões informadas, reduz a incerteza e proporciona uma vantagem competitiva por meio da compreensão aprofundada do mercado e das tendências.

5. Oportunidades de inovação

A convergência entre robótica e Inteligência Artificial não apenas otimiza os processos existentes, mas também abre portas para um vasto território de oportunidades inovadoras. Empreendedores podem capitalizar essa fusão para criar produtos e serviços que transcendam as abordagens tradicionais, gerando valor único para os clientes e promovendo um diferencial competitivo.

A automação fornecida pela robótica e pela Inteligência Artificial possibilita a reimaginação de modelos de negócios. Empreendedores podem explorar novas formas de fornecer produtos e serviços por meio de soluções baseadas em assinatura, onde os clientes podem usufruir de benefícios contínuos e personalizados. Isso não só gera fluxos de receita mais previsíveis, mas também mantém os clientes engajados e leais.

A personalização é uma área que se beneficia enormemente dessa convergência. Com a capacidade de processar grandes quantidades de dados e identificar padrões individuais, os empreendedores podem oferecer produtos e serviços altamente personalizados, atendendo às necessidades específicas de cada cliente. Isso cria uma experiência única que agrega valor e constrói relacionamentos sólidos com os clientes.

Além disso, a robótica e a Inteligência Artificial também possibilitam a criação de produtos inovadores que antes eram considerados ficção científica. Desde assistentes virtuais inteligentes até dispositivos autônomos que interagem com o ambiente, as possibilidades são vastas. Empreendedores podem explorar nichos não atendidos e desenvolver produtos que melhorem a qualidade de vida das pessoas.

Outra área de oportunidade está na análise de dados para tomada de decisões mais inteligentes. Ao incorporar a Inteligência Artificial na análise de dados de mercado e tendências, os empreendedores podem prever mudanças, entender as preferências dos clientes e tomar decisões estratégicas com base em informações confiáveis. Isso leva a estratégias mais informadas e a resultados melhores.

No entanto, para aproveitar essas oportunidades de inovação, os empreendedores precisam ter uma compreensão profunda das capacidades da robótica e da Inteligência Artificial. Isso envolve conhecimentos técnicos, parcerias com especialistas e um *mindset* orientado para a experimentação e aprendizado contínuo.

A combinação de robótica e Inteligência Artificial abre um vasto leque de oportunidades de inovação para empreendedores. Desde a criação de modelos de negócios disruptivos até a personalização de produtos e serviços e a exploração de novos nichos, essa convergência promete transformar a maneira como os negócios são conduzidos e como as necessidades dos clientes são atendidas.

6. Escalabilidade sustentável

A capacidade de escalabilidade sustentável é um dos benefícios mais impactantes da automação proporcionada pela robótica e Inteligência Artificial. Essa abordagem permite que as empresas cresçam de maneira eficiente e ágil, expandindo suas operações sem a necessidade de aumentar proporcionalmente sua força de trabalho. Isso traz uma série de vantagens que impactam positivamente no crescimento e no sucesso a longo prazo das empresas.

A automação permite que as empresas atendam ao aumento da demanda sem sobrecarregar recursos humanos ou enfrentar gargalos de produção. À medida que a procura por produtos ou serviços aumenta, os sistemas automatizados podem ser dimensionados facilmente para lidar com volumes maiores de trabalho. Isso garante uma resposta rápida às necessidades do mercado, evitando atrasos e mantendo a qualidade dos produtos ou serviços.

Além disso, a escalabilidade sustentável também permite que as empresas mantenham um alto nível de eficiência operacional à medida que crescem. A automação reduz a dependência de mão de obra manual, o que minimiza os erros humanos e as variações na qualidade. Isso significa que, mesmo com um aumento nas operações, a consistência e a precisão dos processos podem ser mantidas.

Um aspecto crucial é a capacidade de expandir as operações de atendimento ao cliente de maneira eficaz. A automação permite que as empresas gerenciem um maior volume de consultas, pedidos e interações sem sobrecarregar os recursos de suporte ao cliente. *Chatbots* e sistemas de atendimento automatizados podem fornecer assistência rápida e precisa, melhorando a experiência do cliente durante períodos de crescimento.

A escalabilidade sustentável também pode ser especialmente valiosa para *startups* e pequenas empresas que buscam crescer de forma significativa em um curto período de tempo. Em vez de enfrentar os desafios de contratar e treinar uma equipe maior rapidamente, essas empresas podem aproveitar a automação para lidar com o aumento da demanda, garantindo uma transição suave e mantendo a qualidade do serviço.

No entanto, é importante observar que a implementação bem-sucedida da automação requer planejamento e preparação cuidadosos. A integração de sistemas automatizados deve ser estrategicamente planejada para garantir a sincronização com os processos existentes e minimizar interrupções.

A automação proporcionada pela robótica e Inteligência Artificial viabiliza uma escalabilidade sustentável para as empresas. Essa abordagem permite que as empresas cresçam eficientemente, atendam ao aumento da demanda e mantenham a qualidade dos produtos e serviços, tudo isso sem a necessidade de aumentar proporcionalmente a mão de obra. Isso promove um crescimento sólido e bem administrado, capacitando as empresas a alcançarem seus objetivos de expansão com sucesso.

7. Redução de riscos e erros

A capacidade da Inteligência Artificial de identificar padrões e prever riscos potenciais tem um impacto significativo na redução de riscos e erros nas operações empresariais. Essa capacidade de análise avançada permite que os empreendedores antecipem problemas e tomem medidas preventivas, minimizando a probabilidade de erros dispendiosos e mantendo as operações funcionando de maneira suave.

A análise de dados realizada pela Inteligência Artificial pode identificar padrões sutis que indicam a possibilidade de falhas ou problemas futuros. Por exemplo, em uma fábrica, algoritmos de IA podem analisar dados de sensores para detectar padrões de mau funcionamento em máquinas antes que elas quebrem. Isso permite que os empreendedores programem a manutenção preventiva, evitando interrupções não planejadas e perda de produção.

Além disso, a Inteligência Artificial pode prever riscos com base em dados históricos e em tempo real. Isso é particularmente relevante em setores como finanças, onde algoritmos de IA podem analisar padrões de mercado e identificar tendências que possam indicar riscos iminentes. Essa antecipação permite que os empreendedores ajustem suas estratégias de investimento e tomem decisões informadas para minimizar perdas.

A previsão de riscos também é valiosa na gestão da cadeia de suprimentos. A IA pode analisar informações sobre fornecedores, transporte e demanda para identificar possíveis gargalos ou atrasos. Isso permite que as empresas tomem medidas proativas, como buscar alternativas de fornecimento ou ajustar os cronogramas de produção, evitando problemas que poderiam afetar a entrega e a satisfação do cliente.

Além de prever riscos, a Inteligência Artificial também pode ajudar a evitar erros humanos. Por exemplo, sistemas automatizados podem executar tarefas complexas e detalhadas com alta precisão, minimizando a probabilidade de erros devido à fadiga ou falta de atenção. Isso é particularmente relevante em setores onde pequenos erros podem ter consequências significativas, como a medicina ou a indústria aeroespacial.

No entanto, é importante observar que a eficácia da Inteligência Artificial na redução de riscos e erros depende da qualidade dos dados e dos algoritmos utilizados. A coleta de dados confiáveis e a seleção adequada dos algoritmos são essenciais para garantir resultados precisos e relevantes.

Em resumo, a Inteligência Artificial desempenha um papel crucial na redução de riscos e erros nas operações empresariais, permitindo a identificação de padrões, previsão de problemas e tomada de medidas preventivas. Essa abordagem ajuda os empreendedores a evitar falhas dispendiosas, manter a eficiência das operações e garantir a qualidade dos produtos e serviços oferecidos.

8. Interação com clientes

A utilização da Inteligência Artificial para melhorar a interação com os clientes é uma estratégia que tem impactos significativos na satisfação do cliente e na construção de relacionamentos duradouros. A capacidade de oferecer suporte ao cliente 24/7 por meio de *chatbots* e outras soluções automatizadas cria uma experiência mais conveniente e satisfatória para os clientes, resultando em maior fidelização e confiança na marca.

A presença de *chatbots* alimentados por Inteligência Artificial permite que as empresas estejam disponíveis para seus clientes a qualquer hora do dia, independentemente do fuso horário ou do horário comercial. Isso elimina a frustração dos clientes que precisam de assistência fora do horário de atendimento tradicional e evita longos tempos de espera. A resposta imediata e precisa dos *chatbots* melhora a experiência do cliente e aumenta a probabilidade de resolução rápida de problemas.

Além disso, os *chatbots* são capazes de lidar com um grande volume de consultas simultaneamente, o que agiliza o atendimento e reduz a espera do cliente. Isso é especialmente valioso durante períodos de alta demanda, como promoções ou lançamentos de produtos. A automação da interação com o cliente também libera a equipe de suporte para lidar com questões mais complexas e que exigem intervenção humana.

Os *chatbots* e assistentes virtuais também podem ser personalizados para atender às necessidades individuais dos clientes. Eles podem utilizar a Inteligência Artificial para analisar o histórico de compras, preferências e comportamentos do cliente, oferecendo recomendações relevantes e direcionadas. Isso cria uma sensação de atendimento personalizado, aumentando a satisfação do cliente e a probabilidade de compras futuras.

Além disso, a análise de sentimentos por meio da Inteligência Artificial permite que as empresas identifiquem as emoções dos clientes durante as interações. Isso possibilita ajustar as respostas e abordagens para garantir que os clientes se sintam ouvidos e compreendidos. Ao entender melhor as necessidades emocionais dos clientes, as empresas podem fortalecer o relacionamento e construir uma base de clientes leais.

No entanto, é importante observar que, apesar da automação, a interação humana ainda é valiosa em muitos casos. A Inteligência Artificial deve ser usada para complementar, e não substituir, o atendimento humano quando necessário.

Em resumo, a utilização da Inteligência Artificial para melhorar a interação com os clientes oferece uma experiência mais conveniente, personalizada e satisfatória. Os *chatbots* e assistentes virtuais permitem que as empresas ofereçam suporte 24/7, lidem com um grande volume de consultas e personalizem as interações para atender às necessidades individuais dos clientes. Isso resulta em maior fidelização, confiança na marca e qualidade geral da experiência do cliente.

A combinação da robótica com a Inteligência Artificial oferece inúmeras vantagens para o empreendedorismo, incluindo automação eficiente, personalização, inovação e análise de dados avançada. Essas tecnologias capacitam os empreendedores a tomar decisões estratégicas, otimizar suas operações e criar produtos e serviços mais relevantes para os consumidores, resultando em um ambiente empresarial mais competitivo e dinâmico.

A robótica emergiu como uma força disruptiva nos negócios, transformando fundamentalmente a maneira como as empresas operam e se destacam no cenário competitivo. A aplicação de robôs em diversos setores trouxe eficiência, automação e produtividade a processos que antes eram limitados pela intervenção humana. Do chão de fábrica à medicina, da exploração espacial à educação, a robótica está redefinindo os limites do possível.

Ao automatizar tarefas repetitivas e perigosas, a robótica impulsiona a produção em massa, reduzindo custos operacionais e melhorando a qualidade dos produtos. Além disso, a interação entre robôs e Inteligência Artificial está permitindo a tomada de decisões complexas, aprendizado contínuo e personalização em massa, trazendo uma dimensão de inovação nunca antes vista.

No entanto, o cenário da robótica nos negócios também apresenta desafios. Questões éticas, como o impacto na força de trabalho humana e a segurança cibernética, precisam ser consideradas com atenção. A colaboração entre setores, a regulamentação adequada e o investimento em treinamento e capacitação são vitais para maximizar os benefícios da robótica, enquanto se enfrentam os desafios.

A robótica nos negócios é uma jornada de possibilidades e responsabilidades. À medida que empresas adotam essa tecnologia, elas redefinem a eficiência, a inovação e o valor agregado que podem proporcionar. A combinação de robótica e inteligência humana promete continuar a moldar o futuro dos negócios de maneiras emocionantes e transformadoras.

CAPÍTULO 8
Web 3, Blockchain, Criptomoedas, NFT e Metaverso

Web 3

A evolução da Internet pode ser dividida em estágios marcantes, cada um com tecnologias e transformações distintas. Dentro desse contexto, surge o termo Web3, indicando uma nova fase na forma como nos conectamos. A Web3 é um conjunto de tecnologias que marca um marco na evolução da Internet ao descentralizar a Web, utilizando conceitos como *blockchain* e tokenização digital. Isso contrasta com o cenário onde dados e plataformas se concentram em grandes empresas de tecnologia. Gavin Wood, fundador da plataforma Ethereum, cunhou o termo em 2014. Embora abstrato em algumas situações, esse conceito redefine a estrutura da Web.

Para entender a Web3, é crucial revisar o que veio antes: Web1, Web2 e Web3.

Web 1.0 foi o início da World Wide Web, dos anos 1980 a 1990, caracterizada por sites estáticos com textos, hiperlinks e poucas imagens. Os usuários eram limitados a leitura e havia dificuldade em interação.

A Web 2.0, nos anos 2000, trouxe interação entre usuários. Mensageiros, espaços de comentários e redes sociais permitiram a criação de conteúdo próprio. As redes sociais ampliaram a experiência online e monetização de conteúdo. Ao contrário da Web 1.0, essa fase permitia ler e criar ao mesmo tempo, com a adição de portabilidade e aplicativos.

A Web3 surge para descentralizar o fluxo de dados das grandes empresas, usando *blockchain* para empoderar os usuários. *Blockchain* armazena informações sobre ativos digitais e as disponibiliza publicamente. Isso reduz a dependência de servidores de empresas e permite transações seguras entre usuários.

A Web3 se baseia em pilares como descentralização, privacidade e virtualização. Ela independe de estruturas tradicionais, dá controle de dados aos usuários e amplia ações no espaço virtual.

Apesar de teórica em algumas áreas, muitos conceitos da Web3 são aplicados em criptomoedas, *tokens* não fungíveis (NFTs) e ativos digitais. A Web3 promete que cada usuário pode ler, criar e possuir propriedade digital.

Em termos práticos, criptomoedas são a face mais visível da Web3, com navegadores adaptando interfaces para uso de criptomoedas. *Blockchain* também é usado para proteger assinaturas digitais e adicionar criptografia ao armazenamento em nuvem.

No entanto, a Web3 também enfrenta desafios. A tecnologia *blockchain* é lenta em processamento e consome energia, afetando sua viabilidade. Além disso, riscos de privacidade e falta de ocultação de dados ainda são questões a serem resolvidas.

O que é blockchain

Blockchain é como um livro de registros digital, mas em vez de ser controlado por uma única pessoa ou empresa, ele é compartilhado por muitas pessoas em uma rede. Cada registro, chamado de "bloco", contém informações sobre transações ou eventos. Esses blocos são conectados em ordem, criando uma "corrente" de informações, daí o nome "*blockchain*".

O que torna a *blockchain* especial é que, uma vez que as informações são adicionadas a um bloco, elas não podem ser alteradas ou excluídas. Isso garante que as transações sejam transparentes e seguras. Além disso, como muitas pessoas na rede têm cópias da *blockchain*, é difícil para alguém alterar os registros sem o acordo da maioria.

A *blockchain* é mais conhecida por ser a tecnologia por trás das criptomoedas, como o *bitcoin*. No entanto, ela tem muitas outras aplicações, como rastrear produtos ao longo da cadeia de suprimentos, registrar informações médicas de forma segura e até mesmo votar de maneira eletrônica. Em resumo, a *blockchain* é uma maneira segura e transparente de manter registros digitais.

Qual a relação entre Web3 e blockchain

A relação entre a Web3 e a *blockchain* é muito próxima, pois a *blockchain* é uma das tecnologias fundamentais que impulsionam a visão da Web3. A Web3 representa uma nova fase na evolução da Internet, focada na descentralização, autonomia do usuário e controle sobre seus próprios dados. Nesse contexto, a *blockchain* desempenha um papel fundamental ao fornecer uma infraestrutura segura e descentralizada para armazenar e gerenciar informações.

A *blockchain* é uma tecnologia de registro distribuído, onde os dados são armazenados em blocos conectados e imutáveis. Isso se alinha com os princípios da Web3, que busca criar um ambiente onde os usuários tenham maior controle sobre suas informações e interações online. A *blockchain* garante a transparência e a segurança das transações, permitindo que os usuários confiem em sistemas descentralizados.

Na Web3, a *blockchain* é frequentemente usada para criar sistemas de identidade digital, contratos inteligentes, *tokens* e outras aplicações que dão poder aos usuários. Por exemplo, na área de identidade digital, os usuários podem ter um controle mais direto sobre seus dados pessoais, compartilhando apenas as informações necessárias para cada interação, sem revelar mais do que é necessário.

Além disso, a *blockchain* também desempenha um papel importante na criação de mercados descentralizados, onde os usuários podem comprar, vender e trocar ativos digitais de forma direta e segura, sem intermediários. Isso inclui a área de criptomoedas e *tokens* não fungíveis (NFTs), que são parte integrante da economia emergente da Web3.

Portanto, a relação entre a Web3 e a *blockchain* é de interdependência. Enquanto a Web3 busca criar um ambiente descentralizado e autônomo, a *blockchain* fornece as ferramentas tecnológicas para tornar essa visão uma realidade, garantindo a segurança, transparência e confiabilidade necessárias para construir sistemas confiáveis e inovadores.

O que são criptomoedas e qual a relação entre Web 3 e blockchain

Cryptocurrencies, ou criptomoedas em português, são formas de dinheiro digital baseadas em criptografia que utilizam tecnologias de *blockchain* para garantir segurança, transparência e descentralização nas transações. A criptomoeda mais conhecida é o Bitcoin, mas existem muitas outras, como Ethereum, Ripple, Litecoin e muitas mais.

A relação entre a Web3 e a *blockchain* é estreita, uma vez que a *blockchain* é uma das tecnologias fundamentais que sustentam a visão da Web3. A Web3 busca transformar a Internet em um ambiente mais descentralizado, onde os usuários têm maior controle sobre seus dados e interações online. A *blockchain*, por sua vez, é a tecnologia que permite essa descentralização ao criar um registro distribuído e seguro de transações e informações.

Nas criptomoedas, a *blockchain* é utilizada para registrar todas as transações de forma pública, transparente e imutável. Isso elimina a necessidade de intermediários, como bancos, e permite que as transações sejam verificadas e confirmadas pela rede de participantes, ou "nós", da *blockchain*. Isso proporciona segurança contra fraudes e manipulações.

Na Web3, a *blockchain* é usada para criar várias aplicações além das criptomoedas, como contratos inteligentes, que são programas autônomos que se executam automaticamente quando as condições definidas são atendidas. Esses contratos podem ser usados em uma variedade de cenários, desde transações financeiras até acordos complexos.

Além disso, a Web3 também se concentra em questões de identidade digital, privacidade e propriedade de dados. A *blockchain* pode fornecer soluções para esses desafios, permitindo que os usuários tenham identidades digitais autênticas, controlem o acesso aos seus dados e possuam ativos digitais exclusivos, como *tokens* não fungíveis (NFTs), que representam propriedade digital única.

Em resumo, a *blockchain* é a tecnologia subjacente que permite a existência e operação das criptomoedas, enquanto a Web3 é uma visão mais ampla de uma Internet descentralizada e autônoma, onde a *blockchain* desempenha um papel central na realização dessa visão ao fornecer as bases para transações seguras, confiáveis e descentralizadas.

Exemplo da relação entre elas.

Imagine que você tem um álbum de figurinhas digital de um time de futebol favorito. Cada figurinha representa um jogador e você quer trocar algumas figurinhas com seus amigos online. Aqui está como a Web3, *blockchain* e criptomoedas podem se encaixar nessa situação.

Web3 (Internet descentralizada): a Web3 é como uma nova versão da Internet que dá mais poder aos usuários. É como se todos participassem na construção e administração da Internet, em vez de grandes empresas controlarem tudo. Na Web3, você tem mais controle sobre suas informações e atividades online.

Blockchain (Registro seguro): imagine que você e seus amigos têm um caderno digital compartilhado para registrar todas as trocas de figurinhas. Esse caderno é como uma *blockchain*. Cada página do caderno contém um histórico completo de todas as trocas de figurinhas que aconteceram. Ninguém pode apagar ou modificar as entradas, tornando-o seguro e transparente.

Criptomoedas (Moeda digital): agora, imagine que você e seus amigos decidem usar uma moeda especial chamada "FuturoCoin" para realizar as trocas de figurinhas. Essa moeda não é física; é digital, como dinheiro no seu celular. Cada vez que você troca uma figurinha com um amigo, você paga algumas "FuturoCoins" para eles. A *blockchain* registra todas as transações de FuturoCoins de forma pública e segura.

Portanto, na Web3, você e seus amigos podem trocar figurinhas digitalmente usando uma moeda digital e registrar todas as transações em uma *blockchain* segura. Isso permite que vocês controlem suas trocas, tenham certeza de que ninguém está trapaceando e mantenham um histórico transparente de todas as trocas realizadas. Tudo isso acontece em uma Internet mais justa e descentralizada, onde todos têm mais controle sobre suas ações online.

Como funciona a criação de moedas digitais

A criptomoeda mais famosa é o Bitcoin (BTC). Ele foi a primeira criptomoeda criada e é amplamente reconhecido em todo o mundo. Vou explicar como funciona a criação de moedas digitais, com foco no Bitcoin.

Criação de moedas digitais (Bitcoin).

Mineração: a criação de criptomoedas, como o Bitcoin, ocorre por meio de um processo chamado mineração. A mineração é a maneira pela qual novas unidades de uma criptomoeda são geradas e transações são verificadas e adicionadas à *blockchain*.

Blockchain: a *blockchain* é um registro público e descentralizado que contém todas as transações feitas com a criptomoeda. É como um livro-razão digital que é constantemente atualizado e compartilhado entre uma rede de computadores.

Prova de trabalho (*Proof of Work* – PoW): o Bitcoin utiliza um algoritmo de consenso chamado "Prova de trabalho". Os mineradores competem para resolver complexos problemas matemáticos. O primeiro minerador a resolver o problema tem o direito de adicionar um novo bloco de transações à *blockchain* e é recompensado com uma certa quantidade de *bitcoins* recém-criados e taxas de transação.

Halving: o Bitcoin tem um recurso único chamado "halving". A cada 210 mil blocos minerados (aproximadamente a cada quatro anos), a recompensa dada aos mineradores é reduzida pela metade. Isso é feito para limitar a oferta total de bitcoins a 21 milhões, tornando-o deflacionário.

Descentralização: uma característica fundamental das criptomoedas é sua descentralização. Não há uma autoridade central que controle ou emita a moeda. Em vez disso, as transações são verificadas por uma rede de computadores distribuídos, tornando o sistema mais seguro e resistente a ataques.

Carteira digital: para receber, armazenar e enviar *bitcoins*, você precisa de uma carteira digital. É um *software* que permite gerenciar suas chaves privadas, que são necessárias para acessar seus fundos.

Trocas: as pessoas podem comprar e vender *bitcoins* em bolsas de criptomoedas. Essas plataformas permitem que você troque *bitcoins* por outras moedas fiduciárias (como dólar, euro etc.) ou por outras criptomoedas.

Em resumo, a criação de moedas digitais como o *Bitcoin* envolve a mineração, um processo competitivo e matematicamente desafiador. A *blockchain* registra todas as transações de forma transparente e segura. A recompensa pela mineração diminui ao longo do tempo para limitar a oferta total de moedas. A descentralização é uma característica-chave, e as transações são verificadas por uma rede de computadores distribuídos. As pessoas podem comprar, vender e armazenar moedas digitais usando carteiras digitais e trocas de criptomoedas.

Investir pode ter riscos

Saber como investir em algo que envolve riscos, como as criptomoedas, é crucial por várias razões:

Entender o mercado: ter conhecimento sobre o mercado de criptomoedas e como ele funciona permite que você compreenda as tendências, os fatores que influenciam os preços e como as diferentes moedas se comportam. Isso ajuda a tomar decisões informadas.

Avaliar riscos e recompensas: investir em criptomoedas envolve riscos significativos. O conhecimento permite que você avalie melhor esses riscos em relação às possíveis recompensas. Compreender os riscos ajuda a tomar decisões mais equilibradas.

Evitar fraudes e golpes: no mercado de criptomoedas, infelizmente, existem golpes e projetos fraudulentos. Com conhecimento, você pode identificar sinais de alerta e evitar investir em algo que possa ser uma fraude.

Escolha de investimentos: existem centenas de criptomoedas disponíveis. O conhecimento permite que você analise e escolha quais projetos têm fundamentos sólidos, equipe competente e potencial de crescimento.

Gerenciar expectativas: o conhecimento ajuda a estabelecer expectativas realistas. Investir em criptomoedas não garante lucro imediato, e entender isso evita frustrações e decisões impulsivas.

Saber gerenciar: saber como gerenciar suas carteiras de criptomoedas, como armazená-las com segurança e como lidar com aspectos técnicos é essencial para proteger seus investimentos.

Evolução do mercado: o mercado de criptomoedas está em constante evolução. Conhecimento contínuo permite que você se adapte às mudanças e tome decisões com base nas informações mais recentes.

Minimizar erros: o desconhecimento pode levar a erros custosos. Saber como executar transações corretamente, evitar taxas desnecessárias e tomar precauções de segurança ajuda a minimizar esses erros.

Planejar estratégias: ter conhecimento permite que você desenvolva estratégias de investimento mais sofisticadas. Você pode diversificar sua carteira, usar ferramentas de análise técnica e acompanhar métricas relevantes.

Capacidade de aprender e adaptar: o mercado de criptomoedas é dinâmico e complexo. Ter conhecimento mostra sua capacidade de aprender e se adaptar, habilidades cruciais para o sucesso no investimento.

Investir em algo com risco, como as criptomoedas, sem o devido conhecimento pode levar a decisões impulsivas, perdas financeiras e problemas de segurança. É importante educar-se sobre o mercado, entender os riscos e as oportunidades, e estar preparado para tomar decisões informadas e responsáveis.

Por isso, é importante analisar bem antes de investir, como tudo na vida.

O que é *metaverso* e como ele se conecta com tudo que já abordamos.

O *metaverso* é um conceito que se refere a um espaço virtual e tridimensional, onde os usuários podem interagir entre si e com elementos digitais de maneira semelhante à interação no mundo real. É uma extensão da realidade virtual, mas com uma abordagem mais aberta e interconectada. O *metaverso* vai além de simples ambientes digitais, permitindo a criação, exploração e interação em espaços virtuais compartilhados por múltiplos usuários.

Como ele se conecta com tudo que já abordamos.

Existem diversas tecnologias que servem como base do *metaverso*. Dentre elas, podemos destacar, pelo menos, duas principais que servirão como o início de muitas outras:

Internet das Coisas (IoT)

A IoT interconecta dispositivos físicos e objetos equipados com sensores, *software* e conectividade de rede. Assim, é possível coletar e compartilhar dados, tornando os serviços mais eficientes e inovadores.

Os dispositivos IoT podem ser tão simples quanto uma lâmpada inteligente ou tão complexos quanto uma frota de veículos autônomos. O objetivo é tornar a vida mais fácil e mais segura, por isso podem ser aplicados na automação residencial, cidades inteligentes e indústria 4.0.

E não somente isso. A Internet das Coisas ajudará muito a fornecer uma experiência mais imersiva e interativa nos ambientes virtuais do *metaverso*.

Ao integrar ambos, os usuários podem interagir com os objetos de maneiras nunca antes possíveis, como sentir a textura de uma superfície virtual ou controlar dispositivos a distância usando a RV. Isso permite a criação de novas formas de entretenimento, treinamento, colaboração e outras aplicações.

Entre a mais nova inovação está o Meta Quest Pro, um visualizador de realidade mista, projetado por uma empresa dos Estados Unidos. Outro exemplo é o Varjo XR-3, criado para oferecer uma experiência realista devido à resolução de até 70 megapixels por olho e um campo de visão igual ao dos seres humanos, contando com sensores de movimento e integração de objetos físicos no espaço virtual.

Não para por aí. Os pesquisadores da Universidade Nacional de Singapura, Tóquio e Lausanne estudam oferecer a possibilidade de provar, mastigar, tocar e cheirar em realidade virtual, através de uma tecnologia baseada em mudanças repentinas de temperatura na ponta da língua.

Mas a associação com o *metaverso* não servirá apenas para isso. Ainda oferecerá oportunidades para a automação de processos e otimização de recursos, permitindo a monitoração e o gerenciamento de dispositivos em tempo real. A combinação de dados de sensores IoT com ambientes virtuais pode fornecer *insights* valiosos para a melhoria da experiência do usuário e a tomada de decisões informadas.

Contudo, essa união também traz desafios, como a segurança de dados e a privacidade, bem como a complexidade da integração de diferentes tecnologias e sistemas. Nesse caso, algumas medidas deverão ser criadas conforme essa possibilidade avança.

Inteligência Artificial (IA)

A Inteligência Artificial é amplamente utilizada na Internet de hoje em vários aspectos, como:

- recomendações de conteúdo: algoritmos são utilizados para analisar o histórico de navegação e preferências do usuário para recomendar novos conteúdos, como vídeos, músicas, notícias, entre outros.
- análise de dados: as empresas usam a IA para analisar grandes quantidades de dados, como os de vendas, tráfego de sites e comportamento do usuário, para obter *insights* valiosos e tomar decisões informadas.
- processamento de linguagem natural: são usados para processar e compreender a linguagem humana, permitindo que as pessoas interajam com assistentes virtuais, *chatbots* e sistemas de voz controlados por IA.
- classificação de conteúdo: é usada para classificar e filtrar conteúdo na Internet, como identificar *spam*, pornografia ou outros tipos de conteúdo inapropriado.
- segurança da Internet: é utilizada para detectar e prevenir ataques cibernéticos, como *phishing*, *malware* e outras ameaças à segurança.

Essas são apenas algumas das maneiras pela qual a IA está presente na Internet de hoje e sua influência só tende a aumentar no futuro, inclusive dentro do *metaverso*, que além de realidade virtual e aumentada, tem como base esse tipo de tecnologia para ser construído.

Isso porque essa nova realidade digital é uma representação virtual de um universo 3D que é habitado por avatares digitais controlados por seres humanos. Com a evolução da IA, os avatares digitais podem ser programados para serem cada vez mais sofisticados e imersivos, e essa tecnologia pode ser usada para melhorar a interação dos usuários.

Sem mencionar que pode ser usada para criar avatares mais realistas e personalizados, com características de personalidade e habilidades únicas. Por consequência, isso, pode aumentar a imersão dos usuários.

Além disso, pode ser usada para melhorar a segurança e a eficiência do *metaverso*, por exemplo, monitorando a conduta das pessoas e prevenindo comportamentos indesejados ou antiéticos.

Outra aplicação é na personalização da experiência de todos. Por exemplo, será possível analisar o comportamento de alguém e suas interações com o *metaverso* para personalizar a experiência e sugerir atividades ou itens relevantes.

Para provar como AI é o futuro do *metaverso*, a plataforma The Sandbox, com mais de 3 bilhões de pessoas conectadas digitalmente, faria uma parceria com a Kinetix, uma startup de tecnologia especializada em Inteligência Artificial, para trazer animações que expressam emoção (*emotes*) para *videogames* e mundos virtuais.

O potencial desses *emotes* está na possibilidade dos usuários animarem os seus avatares por meio de movimentos personalizados e interações físicas exibidas na realidade. Segundo Yassine Tahi, CEO da Kinetix, "desenvolvemos uma IA única que permite aos usuários gravar movimentos com a câmera de um telefone, que pode ser aplicada a avatares".

No futuro, as pessoas desejarão recriar as interações sociais do mundo físico no mundo virtual. Imagine um desfile onde a modelo cai da passarela. Os *emotes* ajudarão a incorporar esse comportamento no *metaverso* por meio dos avatares animados.

E, por falar nisso, o uso de AI ajudará muito a implementar características de voz para aprofundar o engajamento no universo digital. A Humans.ai já notou essa oportunidade e criou uma *blockchain* para cunhar superhabilidades e vozes para serem aplicadas a avatares.

Graças a esses *tokens* não fungíveis, será possível criar uma voz digital, ou até sintética para evitar a discriminações quiser permanecer completamente anônimo, e permitir a conversa em diferentes idiomas, o que melhorará as experiências ao dar aos usuários a verdadeira propriedade de seus clipes de voz.

Embora a Inteligência Artificial seja incorporada para trazer ambientes sociais mais interessantes, não haverá a substituição dos encontros físicos. Então, será apenas um complemento para tornar o *metaverso* mais agradável.

Em resumo, é uma tecnologia-chave no desenvolvimento do *metaverso* e pode melhorar significativamente a imersão, interação, segurança e personalização da experiência dos usuários.

Diferentes visões sobre o *metaverso*

O que você pensa quando ouve falar sobre o *metaverso*? Um mundo paralelo, uma realidade virtual, algo futurista, ou algo mais atrelado aos jogos? Já ouvi até alguém dizer que é um mundo falso onde você compra coisas que são entregues no mundo real.

Até o momento, cada pessoa pensa de uma forma e, por consequência, cada empresa tem sua própria visão do que é e será o *metaverso* devido aos seus objetivos únicos para alcançar o mercado conforme o que vendem.

O viés do Facebook, por exemplo, é incluir casas virtuais nas quais você pode convidar seus amigos para uma festa. Ou seja, o seu foco é se relacionar de forma imersiva uns com os outros.

A ideia da Microsoft é mais empresarial. Pensa em criar salas de reuniões, treinar pessoas e promover um fluxo de comunicação entre os colegas de trabalho de forma remota e efetiva. Empresas de *softwares* já se imaginam criando a estrutura adequada para vender no mercado como promessa de desenvolver o *metaverso* aos clientes, sejam como produtos de equipamentos individualizados ou um conjunto deles prontos.

Com relação às que vendem bens de consumo, como a Coca-Cola, Adidas e marcas similares, o *metaverso* é visto como mais um canal de comunicação, exposição e monetização.

A verdade é que a web 3.0 é e será uma mistura de tudo isso. No início, pode ser difícil compreender completamente esse conceito, mas mais cedo ou mais tarde a maioria das pessoas e marcas o dominará e usará.

Por isso, não há um único motivo para desbravar esse universo, mas todos eles são válidos.

O conceito e o seu funcionamento podem parecer algo confuso e fazer com que as pessoas se indaguem: é algo real?

Por enquanto, o *metaverso* tem sido um ambiente propício para especulação financeira e para o lucro como NFT.

O que é um NFT?

NFT é a sigla para Non-Fungible Token ou, em português, *token* não fungível. Um *token* é um registro de um ativo em formato digital – neste caso, na *blockchain*, rede imutável que opera com muita criptografia e permite o funcionamento dos sistemas de criptomoedas, como o *bitcoin*. "Tokenizar nada mais é do que você pegar um objeto que tem algum valor e o transferir para o mundo digital em uma *blockchain*", explica Julieti Brambila, diretora jurídica do Alter, primeira cripto conta do Brasil.

Marcas como Adidas, Gucci e Zara têm criado coleções de roupas que você só encontra na Internet para usar em seus avatares.

Até o universo do futebol também entrou para o mundo das NFTs: o Clube Atlético Mineiro vende figurinhas autografadas dos jogadores para celebrar a sua conquista no campeonato brasileiro e na Copa do Brasil em 2021.

Esses itens são vendidos como NFTs, ativo digital registrado na *blockchain*, e certifica-se que determinado item é único. Antes da criação do *metaverso*, a ideia de comprar e vender NFT era mais abstrata. O *metaverso* está abrindo as portas para que você possa visualizar, utilizar esses ativos, transformando-o em funções e fazendo com que eles ganhem valor.

Mesmo ganhando função, os NFTs podem continuar tendo um caráter especulativo, as pessoas compram hoje acreditando que vão receber mais do que aquilo que estão pagando, mais para frente. Não deixa de ser uma verdade. Tanto porque, como na vida real, existem coisas em que você investe e dão mais retorno, e outras não, e outras com as quais você até perde dinheiro.

Quais *metaversos* você pode entrar?

Existem vários exemplos de *metaversos* que estão ativos e funcionando hoje, proporcionando experiências virtuais imersivas para os usuários. Alguns dos mais conhecidos incluem:

Decentraland: Decentraland é um *metaverso* baseado em *blockchain* onde os usuários podem explorar, interagir e criar em um mundo virtual tridimensional. Os usuários podem adquirir terras virtuais usando a criptomoeda MANA e construir o que quiserem, desde propriedades e galerias de arte até jogos e experiências interativas.

Roblox: embora muitas vezes seja visto como uma plataforma de jogos, Roblox também se enquadra na categoria de *metaverso*. É um ambiente onde os usuários podem criar seus próprios jogos e experiências interativas usando ferramentas de criação fornecidas pela plataforma. Os jogos são hospedados no universo virtual do Roblox e podem ser jogados por outros usuários.

Second Life: embora tenha sido lançado há mais de uma década, o Second Life ainda está ativo e oferece um espaço virtual onde os usuários podem criar personagens, explorar ambientes, interagir e até mesmo comprar e vender bens e serviços virtuais usando sua própria moeda virtual, o Linden Dollar.

Cryptovoxels: Cryptovoxels é um *metaverso* baseado em *blockchain* onde os usuários podem comprar, possuir e construir propriedades virtuais em um ambiente voxelizado. As propriedades são registradas na *blockchain* Ethereum e podem ser exploradas por outros usuários.

The Sandbox: The Sandbox é uma plataforma de criação de jogos e mundos virtuais onde os usuários podem criar, jogar e monetizar seus próprios jogos e experiências. Utiliza a tecnologia *blockchain* para garantir a propriedade e a autenticidade dos ativos digitais.

Somnium Space: Somnium Space é um *metaverso* social e interativo onde os usuários podem explorar ambientes, criar conteúdo, participar de eventos e até mesmo comprar e vender terrenos virtuais usando a criptomoeda nativa, o CUBE.

Esses são apenas alguns exemplos de *metaversos* ativos e funcionando, cada um com suas próprias características e focos. Eles demonstram como a tecnologia está permitindo a criação de experiências virtuais ricas e diversificadas, onde os usuários podem interagir, criar e possuir ativos digitais de maneira significativa.

Como as empresas podem se beneficiar com o *metaverso*?

As empresas podem se beneficiar do *metaverso* de várias maneiras, explorando oportunidades de marketing, engajamento do cliente, colaboração, comércio e muito mais. Aqui estão algumas formas como as empresas podem aproveitar o potencial do *metaverso*:

Marketing e promoção de produtos: as empresas podem criar experiências imersivas no *metaverso* para promover seus produtos e serviços de maneira única. Isso pode incluir lançamentos de produtos virtuais, demonstrações interativas, eventos de marca e ativações de marketing exclusivas.

Engajamento do cliente: o *metaverso* oferece uma oportunidade única de interagir com os clientes em um ambiente virtual. As empresas podem organizar eventos, conferências, *workshops* e até mesmo lojas virtuais para envolver os clientes de maneira mais imersiva.

Colaboração e reuniões virtuais: empresas podem utilizar o *metaverso* para realizar reuniões, conferências e colaborações em um ambiente virtual tridimensional. Isso pode melhorar a comunicação interna e permitir a participação de equipes remotas de forma mais envolvente.

Desenvolvimento de produtos: as empresas podem usar o *metaverso* como um ambiente de teste para desenvolver e aprimorar produtos antes de lançá-los no mundo real. Isso permite que os usuários experimentem os produtos virtualmente e forneçam *feedback* valioso.

Vendas e comércio: muitos *metaversos* possuem economias internas, onde os usuários podem comprar e vender ativos digitais usando criptomoedas. As empresas podem criar lojas virtuais para vender produtos digitais exclusivos, itens colecionáveis e muito mais.

Treinamento e educação: o *metaverso* oferece uma plataforma para treinamento e educação interativos. As empresas podem criar ambientes virtuais para treinar funcionários, realizar *workshops* educativos e simular situações do mundo real.

Experiências de marca: empresas podem criar espaços virtuais exclusivos que refletem sua marca e valores. Isso permite que os usuários explorem o ambiente da marca e interajam com os elementos de maneira única.

Inovação e exploração de novos modelos de negócios: o *metaverso* é um campo em constante evolução, o que oferece oportunidades para empresas inovarem e experimentarem novos modelos de negócios. Isso pode envolver a criação de ativos digitais exclusivos, a venda de serviços virtuais ou até mesmo a criação de experiências de entretenimento.

Recrutamento e networking: as empresas podem participar de feiras de emprego e eventos de *networking* virtuais no *metaverso* para se conectar com talentos, clientes e parceiros em um ambiente único.

Pesquisa de mercado: as empresas podem usar o *metaverso* como uma plataforma para realizar pesquisas de mercado e coletar *insights* valiosos dos usuários.

O *metaverso* oferece um novo ecossistema para as empresas explorarem criativamente e interagirem com seu público de maneiras inovadoras. O potencial é vasto e em constante evolução, permitindo que as empresas se destaquem, engajem e prosperem em um ambiente virtual interativo.

Se você deseja mergulhar mais fundo no fascinante mundo do *metaverso*, tenho o prazer de apresentar meu livro *O futuro da Internet – Metaverso* (Editora Literare Books). Nesse livro, você encontrará uma exploração completa sobre como o *metaverso* está transformando a maneira como interagimos, trabalhamos e nos divertimos online. Disponível no site da editora.

Ao chegarmos ao término deste capítulo abrangente sobre Web3, *blockchain*, NFTs, criptomoedas, *metaverso* e Inteligência Artificial para negócios, é evidente que estamos testemunhando uma transformação profunda na maneira como os negócios operam e interagem com o mundo digital. Essas tecnologias emergentes não são apenas termos da moda, mas, sim, pilares fundamentais de uma nova era de inovação e oportunidades.

A Web3 está redefinindo a própria natureza da Internet, promovendo a descentralização, a privacidade e a propriedade dos dados para os usuários. A *blockchain*, com sua capacidade de garantir a segurança e a integridade das transações, abre portas para a criação de NFTs, os quais introduzem novos modelos de propriedade digital e monetização de ativos únicos.

As criptomoedas se estabeleceram como uma forma de transação global, eliminando intermediários e oferecendo agilidade e segurança nas trocas financeiras. Paralelamente, o *metaverso* emerge como um espaço interativo e imersivo, onde a realidade virtual, a *blockchain* e a Inteligência Artificial se entrelaçam, trazendo novas formas de experiência do usuário e colaboração.

No contexto empresarial, essa convergência de tecnologias oferece oportunidades sem precedentes. As empresas podem explorar modelos de negócios baseados em *blockchain*, criar e monetizar ativos digitais únicos, otimizar transações financeiras através de criptomoedas e se envolver em ambientes virtuais de *metaverso* para expandir sua presença e engajamento com os clientes.

Além disso, a Inteligência Artificial complementa esse cenário ao oferecer *insights* valiosos, automação de processos e personalização aprimorada. A coexistência dessas tecnologias promove um ecossistema de negócios mais eficiente, colaborativo e inovador.

Enquanto abraçamos esse futuro digital repleto de possibilidades, é essencial para as empresas se manterem atualizadas e adaptáveis. A compreensão e a incorporação estratégica dessas tecnologias podem catalisar a transformação dos negócios, aumentar a competitividade e capacitar as organizações a prosperar na era da inovação contínua.

À medida que encerramos este capítulo, o convite é para que as empresas explorem, experimentem e adotem essas ferramentas para moldar um futuro empresarial que seja não apenas tecnologicamente avançado, mas também socialmente impactante e sustentável. A evolução está em curso, e aqueles que abraçarem essas mudanças estarão preparados para liderar a próxima fase de transformação digital.

CAPÍTULO 9
Experiências personalizadas

Em um mundo cada vez mais conectado e digital, os clientes não apenas desejam, mas também esperam experiências que sejam adaptadas às suas preferências e necessidades individuais. É aqui que a Inteligência Artificial (IA) desempenha um papel fundamental, permitindo que as empresas criem e entreguem experiências personalizadas de maneira eficaz e eficiente.

A base dessa personalização está na coleta e análise de dados. A IA tem a capacidade de processar grandes volumes de informações provenientes de diversas fontes, como históricos de compras, comportamentos de navegação, interações anteriores e até mesmo dados demográficos. Com algoritmos avançados, a IA pode identificar padrões, tendências e *insights* valiosos a partir desses dados, revelando o que os clientes gostam, o que procuram e como preferem interagir com a marca.

Compreender o cliente em um nível individual permite que as empresas ofereçam recomendações altamente relevantes. Por exemplo, um serviço de *streaming* de música pode utilizar a IA para analisar os hábitos de audição de um usuário e sugerir *playlists* e artistas que estejam alinhados com seus gostos musicais. Da mesma forma, um *e-commerce* pode apresentar produtos recomendados com base nas compras anteriores e nas categorias de interesse demonstradas pelo cliente.

Além disso, a IA é frequentemente usada na criação de *chatbots* inteligentes. Esses assistentes virtuais podem interagir com os clientes de maneira natural e conversacional, respondendo a perguntas, fornecendo informações e até mesmo auxiliando no processo de compra. A personalização entra em cena quando a IA utiliza o conhecimento sobre o cliente para adaptar suas respostas e recomendações, tornando a interação mais relevante e útil.

A personalização impulsionada pela IA não se limita apenas às interações diretas com os clientes. Ela também se estende à criação de campanhas de marketing direcionadas. A IA pode segmentar os clientes com base em seus comportamentos e interesses, permitindo que as empresas enviem mensagens específicas que ressoem com cada grupo. Isso aumenta a eficácia das campanhas, já que os clientes são mais propensos a se envolverem com conteúdo que seja relevante para eles.

O resultado final é uma experiência do cliente mais envolvente, relevante e valiosa. A personalização impulsionada pela IA não apenas atende às expectativas dos clientes, mas também fortalece a fidelização. Quando os clientes se sentem compreendidos e atendidos de maneira individual, eles tendem a retornar e a se tornarem defensores da marca.

Além disso, a capacidade de oferecer experiências personalizadas proporciona uma vantagem competitiva significativa. Em um mercado saturado, as empresas que conseguem se destacar ao oferecer um valor personalizado têm maior probabilidade de conquistar e reter clientes.

Em resumo, a Inteligência Artificial revoluciona a maneira como as empresas entregam experiências aos clientes. A personalização impulsionada pela IA não apenas melhora a satisfação do cliente, mas também promove a fidelização e cria uma base sólida para o crescimento e o sucesso contínuo dos negócios.

Exemplo:
Imagine uma plataforma de *streaming* de vídeos, como o Netflix. A empresa utiliza Inteligência Artificial para personalizar

a experiência de cada usuário. Quando um usuário se cadastra na plataforma, a IA começa a coletar dados sobre suas preferências, como os gêneros de filmes e séries que ele assiste com mais frequência, os títulos que ele deu *"like"* ou *"dislike"*, o tempo médio de visualização e até mesmo os horários em que ele costuma usar a plataforma.

Com base nesses dados, a IA começa a recomendar conteúdo sob medida para cada usuário. Por exemplo, se o usuário costuma assistir a muitos filmes de ação e ficção científica, a plataforma pode sugerir filmes similares dentro desses gêneros. Além disso, a IA pode identificar se o usuário gosta mais de filmes curtos ou longos e sugerir títulos que se encaixem em sua preferência.

À medida que o usuário continua usando a plataforma, a IA continua a aprender com suas interações. Se o usuário assistiu a uma série específica até o final, a IA entende que ele gosta desse tipo de conteúdo e pode recomendar outras séries semelhantes. Se ele parou de assistir a um filme pela metade, a IA pode ajustar suas recomendações para evitar títulos semelhantes.

Além disso, a IA pode utilizar dados contextuais, como o dispositivo que o usuário está usando, sua localização e até mesmo o clima, para personalizar ainda mais as recomendações. Se estiver chovendo em determinada região, a IA pode sugerir filmes para assistir em um dia chuvoso.

Todo esse processo acontece de forma automatizada e contínua. Quanto mais o usuário interage com a plataforma, mais a IA aprende sobre suas preferências e melhor se tornam as recomendações.

Esse exemplo ilustra como a Inteligência Artificial analisa dados complexos, identifica padrões e cria uma experiência personalizada para cada usuário. Esse tipo de personalização não apenas mantém os usuários engajados e satisfeitos, mas também aumenta as chances de eles continuarem usando a plataforma e, possivelmente, indicando-a a outras pessoas.

Negócios × máquinas

A experiência empresarial do futuro está sendo moldada por uma revolução silenciosa e poderosa: a automação de tarefas impulsionada pela Inteligência Artificial. Com a crescente quantidade de informações e comportamentos capturados em nosso mundo digital, as máquinas agora têm a capacidade de processar e decodificar essas informações complexas, liberando o potencial humano para se concentrar naquilo que realmente importa: a criatividade e a inovação.

A era da informação trouxe consigo um dilúvio de dados, tornando a análise tradicional praticamente impossível. É aqui que a IA entra em cena, como uma luz que revela padrões ocultos em meio ao caos. Ela não apenas examina grandes volumes de dados, mas também desvenda *insights* profundos e práticos que muitas vezes passariam despercebidos. Empresas estão usando essa capacidade para entender a jornada dos clientes de maneira mais profunda, antecipar tendências de mercado com maior precisão e, em última instância, tomar decisões estratégicas mais embasadas.

A automação é um dos aspectos mais tangíveis e empolgantes desse avanço. Tarefas monótonas e rotineiras, que antes demandavam considerável tempo e esforço humano, agora podem ser realizadas com rapidez e precisão por sistemas de IA. A autenticidade humana não é sacrificada, mas sim ampliada, uma vez que os funcionários podem direcionar suas habilidades criativas e pensamento crítico para os desafios que realmente importam. O resultado é um ambiente empresarial mais vibrante, onde as mentes são libertadas para imaginar, explorar e criar.

O impacto da automação vai além da eficiência. Ele redefine a qualidade do trabalho. Erros humanos, que antes poderiam ser inevitáveis em tarefas repetitivas, são minimizados, especialmente em setores que dependem de precisão e consistência, como a manufatura e a saúde. As empresas agora podem alavancar a tecnologia para atingir novos patamares de excelência, aprimorando a confiabilidade e a qualidade em cada etapa do processo.

No coração de tudo isso está a parceria entre seres humanos e máquinas. A IA não substitui o fator humano, mas sim libera seu potencial. É uma extensão de nossas capacidades, uma aliada que nos ajuda a explorar o inexplorado e a desvendar o desconhecido. À medida que as empresas abraçam a automação e a Inteligência Artificial, elas não apenas otimizam suas operações, mas também abrem caminho para uma nova era de inovação, criatividade e progresso.

Automações

Fiz uma lista de algumas automações que você pode usar visando otimizar seu tempo para aproveitar, assim, sua criatividade. Algumas eu já indiquei anteriormente, mas vale a pena relembrá-las aqui novamente.

Existem diversas ferramentas de automação de tarefas disponíveis no mercado que podem ajudar a simplificar processos, economizar tempo e aumentar a sua eficiência. Aqui estão algumas categorias de ferramentas de automação, juntamente com exemplos populares:

Automação de fluxo de trabalho

Zapier: permite integrar aplicativos diferentes para automatizar fluxos de trabalho.

Integromat: similar ao Zapier, permite a criação de fluxos de trabalho automatizados.

Microsoft Power Automate: ajuda a criar fluxos de trabalho automatizados entre aplicativos da Microsoft e outros serviços.

Automação de tarefas repetitivas

AutoHotkey: permite a criação de *scripts* para automatizar tarefas no Windows.

Automator (Mac): ferramenta nativa da Apple para automatizar tarefas no macOS.

WinAutomation: oferece automação de tarefas repetitivas no Windows.

Agendamento e automação de tarefas em sistemas

Cron (Unix-like systems): permite agendar tarefas para serem executadas em horários específicos.

Task Scheduler (Windows): permite agendar tarefas para execução no Windows.

Automação de marketing e vendas

HubSpot: ajuda a automatizar processos de marketing e vendas.

Pardot: especializado em automação de marketing B2B, da Salesforce.

Automação de testes de software

Selenium: automatiza testes de software em navegadores web.

Jenkins: ferramenta de automação de integração contínua e entrega contínua.

Automação de Data Entry e processamento de dados

UiPath: especializada em automação robótica de processos (RPA).

Blue Prism: outra ferramenta RPA para automatizar tarefas de negócios.

Automação de *backup* e armazenamento

Rsync: automatiza a sincronização e o *backup* de arquivos.

Amazon S3 Lifecycle Policies: automatiza o gerenciamento de dados no Amazon S3.

Automação de serviços em nuvem

Terraform: automatiza a criação e gerenciamento de infraestrutura na nuvem.

Ansible: automação de TI e gerenciamento de configurações.

Lembre-se de escolher a ferramenta que melhor se adapte às suas necessidades e ao seu ambiente tecnológico. Cada ferramenta tem seus próprios recursos e curva de aprendizado, então é importante considerar sua capacidade de implementação e uso.

À medida que as cortinas do futuro se abrem, as experiências personalizadas emergem como protagonistas de uma nova era empresarial. A intersecção entre automação, Inteligência Artificial e *insights* profundos permite que as empresas naveguem pelos desafios complexos do mundo moderno com confiança renovada. Ao delegar as tarefas repetitivas às mãos habilidosas da tecnologia, os seres humanos são liberados para explorar horizontes inexplorados de criatividade e inovação.

Essa revolução não é apenas sobre eficiência, mas sobre elevar a qualidade do trabalho e redefinir a maneira como percebemos o valor humano no ambiente empresarial. A colaboração entre a mente humana e poder de processamento da IA cria um sinergismo que impulsiona as fronteiras do possível. O futuro é moldado pela capacidade de traduzir dados em *insights* acionáveis, e a personalização é a lente através da qual as empresas enxergam as necessidades individuais em meio ao turbilhão de informações.

À medida que avançamos em direção a essa nova fronteira, a promessa de experiências personalizadas desenha um sorriso de otimismo nos rostos dos líderes empresariais. A jornada rumo a essa realidade não é apenas uma exploração tecnológica, mas uma busca apaixonada para desvendar as nuances das preferências humanas e atender às expectativas em constante evolução. À medida que o capítulo das Experiências Personalizadas chega ao seu final, ele nos deixa ansiosos pela próxima página, onde a convergência de tecnologia e humanidade continua a redefinir os limites do que é possível.

CAPÍTULO 10
O caminho à frente

À medida que nos aprofundamos na era da informação, a IA emerge como um farol de possibilidades, iluminando a maneira como as empresas operam, tomam decisões e inovam. Nosso guia nesta jornada não é apenas a automação de tarefas, mas uma Inteligência Artificial sofisticada que pode analisar grandes volumes de dados, desenterrar *insights* profundos e prever tendências com precisão notável. À medida que a IA desvenda padrões ocultos em meio à complexidade dos dados, as empresas ganham uma vantagem competitiva ao entender o comportamento do cliente, antecipar mudanças no mercado e criar estratégias informadas.

A automação de tarefas é uma peça central nessa transformação. O que antes era um domínio humano, repleto de tarefas repetitivas e sujeitas a erros, agora é delegado às mãos hábeis da IA. No entanto, a automação não é uma ameaça à autenticidade humana; pelo contrário, é um catalisador que libera os funcionários para se dedicarem àquilo que a IA não pode replicar – a criatividade, o raciocínio crítico e a inovação.

Mergulhamos nas intersecções fascinantes entre humanidade e tecnologia, explorando como a IA está remodelando setores inteiros, desde o marketing até os de operações industriais, e redefinindo a própria natureza do trabalho. Enquanto nos preparamos para enfrentar os desafios e oportunidades que o futuro da IA traz para os negócios, este capítulo promete inspirar, provocar reflexões e expandir nossos horizontes sobre o que é possível quando a Inteligência Artificial e a visão empreendedora se unem em uma dança harmoniosa em direção ao amanhã.

O que podemos esperar para o futuro dos negócios

Com a rápida evolução da Inteligência Artificial, automação e conectividade, um conjunto de mudanças significativas está prestes a impactar uma variedade de setores econômicos e a sociedade como um todo. Para o próximo ano, as tendências principais incluem a expansão da Internet das Coisas (IoT) e sua crescente integração em nossas vidas. Com dispositivos inteligentes em ascensão, a interconexão de residências, empresas e cidades será comum, permitindo um controle mais eficiente dos recursos. Além disso, a Inteligência Artificial continuará a avançar, tendo um papel crucial em várias esferas. Automação de processos, análise de dados em tempo real e assistentes virtuais mais sofisticados estão entre as aplicações esperadas.

Tecnologia e inovação

Inteligência Artificial (IA): a IA continuará a se destacar, com avanços na capacidade de processamento e integração em diversas áreas, como saúde, transporte e educação. Auxiliará diagnósticos médicos, otimização de rotas e aprendizado personalizado, enquanto assistentes virtuais e *chatbots* aprimorarão a interação com os usuários.

Internet das Coisas (IoT): a IoT expandirá ainda mais, permitindo a conexão e coleta de dados de dispositivos em tempo real. Isso automatizará processos, monitorará remotamente e otimizará recursos em saúde, transporte e indústria.

Realidade virtual e aumentada: o uso da realidade virtual e aumentada se tornará mais difundido, beneficiando áreas como entretenimento, turismo e treinamento.

Blockchain: essa tecnologia ganhará destaque na área financeira, melhorando pagamentos, combate a fraudes e transações mais ágeis.

Robótica avançada: automação de tarefas complexas, cirurgias precisas e assistentes robóticos em lares serão mais comuns.

Energias renováveis: progressos em energia solar, eólica e armazenamento de energia impulsionarão a transição para fontes mais limpas.

Big Data e Analytics: análise de grandes volumes de dados continuará a ser essencial, possibilitando *insights* valiosos e decisões embasadas.

Avanços na Inteligência Artificial

Avanços no aprendizado de máquina: o aprendizado de máquina evoluirá, lidando com conjuntos de dados maiores e complexos, aprimorando tarefas como reconhecimento de voz, tradução e diagnóstico médico.

Redes neurais profundas: redes neurais profundas revolucionarão a IA, aprendendo representações complexas e impulsionando reconhecimento de voz, processamento de linguagem e visão computacional.

Aplicações na indústria: a IA otimizará processos industriais, melhorando a qualidade do produto, prevenindo falhas e reduzindo custos.

Ética e responsabilidade: à medida que a IA se expande, desafios éticos e de privacidade surgem, demandando regulamentações e proteções adequadas.

Implicações sociais e econômicas

Impacto na sociedade e economia: a IA trará mudanças na sociedade e economia. Pode substituir empregos, mas também criar novas oportunidades em áreas como desenvolvimento de algoritmos.

Internet das Coisas

Revolução da conectividade: a IoT transformará nossa interação com o mundo, conectando objetos e dispositivos para coletar e compartilhar dados.

Benefícios e aplicações: a IoT otimizará processos, automatizará tarefas e fornecerá *insights* em diversos setores, como saúde, transporte e agricultura.

Desafios e preocupações: questões de segurança de dados e privacidade serão desafios na expansão da IoT.

Futuro da IoT: espera-se um aumento contínuo de dispositivos conectados, impulsionando novas aplicações e transformando nossas vidas.

Transformação digital

Novas soluções digitais: empresas estão adotando soluções digitais para otimizar processos em todas as áreas, reduzir custos e melhorar o atendimento ao cliente.

Vantagens: a transformação digital melhora a experiência do cliente e a eficiência operacional.

Desafios: resistência à mudança e segurança da informação são desafios a serem enfrentados.

Crescimento do *e-commerce*

Crescimento contínuo: o *e-commerce* continuará crescendo, impulsionado por dispositivos móveis e comércio online.

Impacto da pandemia: a pandemia acelerou a adoção do *e-commerce*, tornando-o essencial para muitas empresas.

Tendências: o uso de dispositivos móveis, personalização, *marketplaces* e realidade aumentada serão tendências fortes no *e-commerce*.

Sustentabilidade e responsabilidade social

Economia circular: a economia circular promove a reutilização e reciclagem de materiais, reduzindo o desperdício.

Energias renováveis: investir em fontes limpas de energia é vital para reduzir impactos ambientais.

Responsabilidade social corporativa: empresas devem agir de forma ética, valorizando direitos humanos, diversidade e responsabilidade social.

Consumo consciente: consumidores estão escolhendo produtos sustentáveis e éticos.

Educação ambiental: educação é crucial para promover a sustentabilidade.

Desenvolvimento sustentável

Abordagem holística: o desenvolvimento sustentável busca crescimento econômico equilibrado, considerando aspectos sociais e ambientais.

Colaboração global: requer colaboração entre governos, empresas e indivíduos.

Novas formas de trabalho

A evolução tecnológica e as mudanças nas expectativas dos funcionários estão impulsionando transformações significativas na forma como o trabalho é realizado. Algumas tendências emergentes nas novas formas de trabalho incluem:

Trabalho remoto e híbrido: a pandemia de COVID-19 acelerou a adoção do trabalho remoto. Mesmo após a pandemia, muitas empresas estão adotando modelos de trabalho híbrido, permitindo que os funcionários trabalhem tanto no escritório quanto em casa. Isso oferece maior flexibilidade e pode levar a uma melhor conciliação entre trabalho e vida pessoal.

Colaboração digital: com equipes distribuídas, a colaboração digital se tornou crucial. Plataformas de videoconferência, ferramentas de colaboração em tempo real e *software* de gerenciamento de projetos são essenciais para manter a produtividade e a comunicação eficaz.

***Gig Economy* e *freelancers*:** a *gig economy* continua a crescer, com mais profissionais optando por trabalhar como *freelancers* ou prestadores de serviços independentes. Isso oferece flexibilidade para escolher projetos que correspondam às suas habilidades e interesses.

Automação e AI: a automação de tarefas repetitivas e a incorporação de Inteligência Artificial estão mudando a natureza do trabalho. Enquanto algumas tarefas podem ser automatizadas, os trabalhadores estão se concentrando em atividades que exigem criatividade, tomada de decisão complexa e habilidades interpessoais.

Aprendizado contínuo e adaptação: com as mudanças aceleradas, a aprendizagem contínua é essencial. Os profissionais precisam estar dispostos a adquirir novas habilidades e se adaptar a novas tecnologias para permanecer relevantes em suas carreiras.

Bem-estar dos funcionários: à medida que os limites entre trabalho e vida pessoal se tornam mais difusos, o bem-estar dos funcionários está ganhando destaque. Empresas estão adotando medidas para garantir o equilíbrio, oferecendo apoio emocional, flexibilidade e programas de saúde mental.

Avaliação de desempenho baseada em resultados: com a capacidade de medir o desempenho com base em resultados tangíveis, as empresas estão se afastando de modelos tradicionais de avaliação de desempenho. Isso permite uma abordagem mais objetiva e transparente para reconhecimento e progressão na carreira.

Liderança e gestão ágil: a gestão de equipes remotas exige uma abordagem mais ágil e focada em resultados. Líderes estão se adaptando para liderar pelo exemplo, fornecer suporte e facilitar a colaboração, independentemente da localização física das equipes.

Negócios

Como a tecnologia e a sociedade continuam a evoluir, é crucial que as empresas estejam atentas e preparadas para se adaptarem às mudanças que estão por vir. A capacidade de inovar e abraçar as novas tendências determinará em grande parte o sucesso e a relevância de uma empresa no mercado em constante transformação.

Nesse sentido, as empresas devem considerar algumas estratégias-chave

Investimento em capacitação e desenvolvimento: à medida que as tecnologias avançam, as habilidades necessárias para acompanhar essas mudanças também evoluem. É fundamental que as empresas invistam em programas de capacitação e desenvolvimento para seus funcionários, garantindo que eles tenham as habilidades necessárias para aproveitar ao máximo as novas tecnologias.

Foco na experiência do cliente: com a crescente digitalização, a experiência do cliente torna-se ainda mais crucial. As empresas devem buscar maneiras de personalizar e aprimorar a jornada do cliente, incorporando tecnologias como IA, *chatbots* e análise de dados para oferecer um atendimento excepcional.

Adoção estratégica de tecnologia: a incorporação de tecnologia deve ser uma estratégia planejada e bem pensada. As empresas devem avaliar cuidadosamente quais tecnologias são mais relevantes para o seu setor e como podem ser implementadas de maneira eficaz para melhorar os processos e os resultados.

Ênfase na sustentabilidade: a preocupação com a sustentabilidade continuará a crescer. As empresas devem considerar maneiras de reduzir sua pegada de carbono, adotar práticas mais sustentáveis e comunicar esses esforços aos clientes, que estão cada vez mais conscientes das questões ambientais.

Flexibilidade e agilidade: o cenário em constante mudança exige que as empresas sejam flexíveis e ágeis em sua abordagem. A capacidade de se adaptar rapidamente a novas situações e tendências é essencial para permanecer competitivo.

Colaboração e parcerias: em muitos casos, a colaboração com outras empresas e parceiros pode ser fundamental para o sucesso. Parcerias estratégicas podem proporcionar acesso a recursos, conhecimentos e tecnologias que podem acelerar a inovação e o crescimento.

Preparação para a cibersegurança: com o aumento da digitalização, a cibersegurança se torna uma preocupação crucial. As empresas devem investir em medidas de segurança robustas para proteger seus dados e sistemas contra ameaças cibernéticas.

Mapeamento de tendências futuras: a capacidade de antecipar tendências futuras é valiosa. As empresas que acompanham as mudanças tecnológicas e as necessidades dos consumidores estarão melhor posicionadas para se adaptarem e aproveitarem as oportunidades à medida que surgirem.

As tendências e previsões para o próximo ano refletem uma interseção cada vez mais profunda entre tecnologia, sociedade e economia. As empresas que compreendem e se adaptam a essas tendências terão a oportunidade de prosperar em um ambiente em constante evolução. O foco na inovação, na experiência do cliente, na sustentabilidade e na agilidade serão pilares essenciais para o sucesso nos próximos anos.

CONCLUSÃO

À medida que fechamos as páginas deste livro, refletimos sobre a jornada abrangente pela qual viajamos, explorando as intrincadas conexões entre a Inteligência Artificial e os negócios. Desde os fundamentos da IA até as profundezas das estratégias empresariais habilitadas pela automação, nossa exploração nos proporcionou uma compreensão rica e diversificada do que é possível quando a tecnologia e a visão se encontram.

Ao longo destas páginas, desvendamos as maneiras pelas quais a Inteligência Artificial já está impactando as empresas, desde a otimização da eficiência até a transformação das experiências do cliente. No entanto, nossas incursões também nos alertaram para o fato de que essa jornada está longe de terminar. De fato, estamos à beira de um horizonte repleto de possibilidades ainda mais emocionantes.

À medida que a IA continua a evoluir, convidamos você, líder ousado e inovador, a aplicar as lições deste livro em sua própria jornada empresarial. As ferramentas de automação, análise de dados e *insights* acionáveis são seus aliados confiáveis, prontos para elevar seu negócio a alturas inimagináveis. Use essas ferramentas não apenas para automatizar tarefas, mas para liberar sua equipe para explorar a criatividade, tomar decisões informadas e moldar estratégias que levem sua organização além dos limites convencionais.

A interseção da Inteligência Artificial com os negócios é um convite para redefinir o que é possível. À medida que você dá os passos rumo a essa nova era de inovação, lembre-se de que, embora a tecnologia seja poderosa, é sua visão, paixão e compreensão humana que verdadeiramente darão vida a essas possibilidades.

Minha jornada no mundo dos negócios tem sido marcada por diversas transformações digitais. O que se revelou crucial para o sucesso em todos os meus empreendimentos foi, sem dúvida, minha habilidade em me adaptar às novas realidades do mercado e aproveitar as oportunidades para experimentar inovações. Cada passo ao longo desse percurso me ensinou que a capacidade de abraçar mudanças e explorar o potencial das últimas tendências é uma combinação poderosa que impulsiona o crescimento e gera resultados excepcionais.

Então, aqui está o convite final: mergulhe na jornada da IA para os negócios, explore suas nuances, abrace suas promessas e, acima de tudo, use-a para criar um impacto duradouro em seu setor. O futuro aguarda, e sua visão está prestes a moldá-lo. *Adelante*, líder, e que sua jornada seja repleta de sucesso, inovação e realizações extraordinárias.

BÔNUS

Para aqueles que chegarem até o final deste livro, tenho um bônus especial reservado: uma lista de inteligências artificiais que poderão auxiliá-lo na resolução de diversos desafios de produtividade, tanto para você quanto para seus colaboradores. E não se esqueça de me acompanhar nas redes sociais, onde sempre compartilho atualizações sobre empreendedorismo, marketing digital e Inteligência Artificial.

1. Krisp: Krisp AI remove vozes de fundo, ruídos e ecos de suas chamadas, dando-lhe uma melhoria na chamada. https://krisp.ai/
2. Beatoven: Crie uma música única e isenta de *royalties* que eleva a sua história. https://www.beatoven.ai/
3. Cleanvoice: Edite automaticamente seus episódios de podcast. https://cleanvoice.ai/
4. Podcastle: Gravação de qualidade de estúdio, diretamente do seu computador. https://podcastle.ai/
5. Flair: Design de conteúdo de marca em um instante. https://flair.ai/
6. Illustroke: Crie imagens vetoriais matadoras a partir de instruções de texto. https://illustroke.com/
7. Impressão: Gere os padrões exatos que você precisa e projete. https://www.patterned.ai/

8. Stockimg: Gere a foto de banco de imagens perfeita que você precisa, todas as vezes. https://stockimg.ai/
9. Cópia: cópia gerada por IA, que realmente aumenta a conversão. https://www.copy.ai/
10. CopyMonkey: Crie listagens da Amazon em segundos. http://copymonkey.ai/
11. Ocoya: Crie e agende conteúdo de mídia social 10 vezes mais rápido. https://www.ocoya.com/
12. Unbunce Smart Copy: Escreva e-mails frios de alto desempenho em escala. https://unbounce.com/
13. Vidyo: Faça vídeos curtos a partir de conteúdo longo em apenas alguns cliques. https://vidyo.ai/
14. Maverick: Gere vídeos personalizados em escala. https://www.trymaverick.com/
15. Quickchat: *Chatbots* de IA que automatizam gráficos de atendimento ao cliente. https://www.quickchat.ai/
16. Quebra-cabeça: Construa uma base de conhecimento baseada em IA para sua equipe e clientes. https://www.puzzlelabs.ai/
17. Soundraw: Pare de procurar a música que você precisa. Crie a sua. https://soundraw.io/
18. Limpeza: Remova qualquer objeto, defeito, pessoas ou texto de suas fotos em segundos. https://cleanup.pictures/
19. Retomado: Melhore seu currículo e perfil do LinkedIn. https://www.resumeworded.com/
20. Looka: Projete e embeleze sua própria marca. https://looka.com/
21. Theresanaiforthat: Base de dados completa de IA, disponível para cada tarefa. https://theresanaiforthat.com/
22. Síntese: Crie vídeos de IA simplesmente digitando texto. https://www.synthesia.io/
23. Descrição: Nova maneira de fazer vídeos e podcasts. https://www.descript.com/
24. Lontra: Capture e compartilhe ideias de suas reuniões. https://otter.ai/

25. Inkforall: Conteúdo de IA (geração, otimização, desempenho). https://inkforall.com/
26. Tome: Solução em apresentação para palestrantes ou gestores. https://beta.tome.app/
27. Aplicativo Quora: Pesquisa para saber o que as pessoas perguntam sobre o seu nicho. Ajuda a criar conteúdo para as redes sociais. https://pt.quora.com/
28. Adobe Podcast: Melhora o áudio dos vídeos tornando profissional, como se fosse gravado num estúdio de podcast. https://podcast.adobe.com/
29. Soundraw: Gerador de música. https://soundraw.io/
30. Predis: Cria conteúdo de imagem, vídeo e legendas para sua rede social com comando de escrita. https://predis.ai/
31. Get Munch: Inteligência Artificial que ajuda você a viralizar nas redes sociais. https://www.getmunch.com/
32. Mixo: Gera um site inteiro com comando escrito. https://www.mixo.io/
33. HeyGen: Gera um clone seu de imagem e voz para fazer vídeos por você. https://www.heygen.com/
34. Ideogram: Gera imagens com textos para as redes sociais. https://ideogram.ai/
35. Fututepedia: O google da Inteligência Artificial. Todas as inteligências artificiais em um só lugar. Atualizada em tempo real e por categoria. https://www.futurepedia.io/

> Espero que você aproveite as oportunidades oferecidas pela Inteligência Artificial para impulsionar o seu negócio e comece a aplicá-la hoje mesmo!

REFERÊNCIAS

DE BEM, Santiago, SERAFIM, Juliana, *O futuro da Internet: Metaverso*, 2022.

DORF, R. C., & BISHOP, R. H. *Modern Control Systems*. Pearson.

Inteligência Artificial. Em Wikipedia: A Enciclopédia Livre. Recuperado de https://pt.wikipedia.org/wiki/Intelig%C3%AAncia_artificial (2023).

KOTLER, P., & Armstrong, G. *Princípios de marketing*. Pearson.

OpenAI. ChatGPT: Modelo de linguagem avançado para geração de texto. https://openai.com/

PERELMUTER, G. *Futuro presente: o despertar das máquinas e o futuro da humanidade*. Editora Senac São Paulo.

RUSSELL, S. J., & NORVIG, P. *Artificial Intelligence: A Modern Approach*. Pearson.

SPONG, M. W., HUTCHINSON, S., & VIDYASAGAR, M. *Robot Modeling and Control*. Wiley.